教育公平研究译丛　丛书主编　袁振国

中国教育发展战略
出版工程

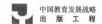

教育公平

基于学生视角的国际比较研究

[英]Stephen Gorard　[英]Emma Smith ◎主编

窦卫霖　胡金兰　孙媛媛　黄国丹◎译

Equity in Education

An International Comparison
of Pupil Perspectives

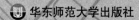

华东师范大学出版社

上海市版权局著作权合同登记　图字：09‒2017‒467号

本书作者团队名单

Stephen Gorard

Emma Smith

Luciano Benadusi

Marc Demeuse

David Greger

Denis Meuret

丛书序言

袁振国

    教育公平是人类社会的共同追求，也是衡量一个国家文明水平的重要标志；教育公平涉及千家万户，影响个人的终身发展，是人民群众的重要关切；教育公平既与个人的利益、观念、背景有关，所以众说纷纭、莫衷一是，又取决于历史水平、文明程度，所以不断发展、渐成共识。

    教育公平是一个需要不断努力无限接近的目标，在历史的进程中也许可以分为梯度推进的四个阶段：机会公平、条件公平、过程公平和结果公平。机会公平的本质是学校向每个人开门——有教无类；条件公平的本质是办好每一所学校——均衡发展；过程公平的本质是平等地对待每个学生——一视同仁；结果公平的本质是为每个学生提供适合的教育——因材施教。这四个阶段相互关联、相互促进、相辅相成。

机会公平：学校向每个人开门——有教无类

    "有教无类"是 2500 年前孔夫子提出来的教育主张：不管什么人都可以受到教育，不因为贫富、贵贱、智愚、善恶等原因把一些人排除在教育对象之外。[①] 体现了深厚的人文情怀，颇有超越历史条件的先知先觉气概。有教无类的思想虽然早在 2500 年前就提出来了，但真正做到人人能上学却不是一件容易的事。30 多年前（1986 年）我国才以法律的形式提出普及 9 年制义务教育，经过不懈努力，到 2008 年才真正实现了全国城乡免费 9 年义务教育。

---

① 也有一种说法，认为有教无类是有教则无类的简化，人原本是"有类"的，比如有的智有的愚，有的孝顺有的不肖，但通过教育可以消除这些差别——即便是按照这种说法，也还是强调教育的公平价值。

作为现代社会的普遍人权，教育公平体现了《世界人权宣言》(1948)的基本精神。《世界人权宣言》第二十六条第一款明确规定："人人都有受教育的权利，教育应当免费，至少在初级和基本阶段应如此。初级教育应属义务性质。技术和职业教育应普遍设立。高等教育应根据成绩而对一切人平等开放。"《中华人民共和国教育法》规定："公民不分民族、种族、性别、职业、财产状况、宗教信仰等，依法享有平等的受教育机会。"但要做到这一点，需要艰苦的努力和斗争。

拦在有教无类征途上的第一道门槛是身份歧视。所谓身份歧视，就是将人分为高低贵贱的不同身份，赋予不同权利，剥夺多数人受教育的基本权利。古代印度有种姓制度，根据某种宗教体系，把人分成婆罗门、刹帝利、吠舍、首陀罗四个等级，权利和自由等级森严，在四个等级之外还有不入等的达利特，又称贱民，不能受教育、不可穿鞋，也几乎没有社会地位，只被允许从事非常卑贱的工作，例如清洁秽物或丧葬。根据人口普查数据，印度目前有1.67亿达利特人，其文盲率竟高达60%。等级制在中国早已被废除，但身份歧视的阴影并没有完全消失。上个世纪的五六十年代，"地富反坏右分子"的子女被排除在大学录取对象之外，可以说是身份歧视在现代社会的反映。

拦在有教无类征途上的第二道门槛是智力歧视。所谓智力歧视，就是主张按"智力"赋予权利和资源，而智力被认为是遗传的结果，能人、名人的大脑里携带着聪明的基因，注定要成为卓越人士。英国遗传决定论者高尔顿认为，伟人或天才出自于名门世家，在有些家庭里出名人的概率是很高的。高尔顿汇集的材料"证明"，在每一个例证中这些人物不仅继承了天才，像他们一些先辈人物所表现的那样，而且他们还继承了先辈才华的特定形态。这种理论迎合了资产阶级的政治需要，成为能人治国、效率分配资源的根据。根据这种理论，有色人种、穷人、底层人士被认为是因为祖先的遗传基因不好，先天愚笨，所以活该不值得受到好的教育。当然这种理论早已被历史唾弃了。

条件公平：办好每一所学校——均衡发展

能不能上学是前提，是教育公平的起点，进不了学校的大门，什么机会、福利都无从谈起。但有学上与上什么学差别很大，同样是9年义务教育，在不同地方、不同学校可能有着完全不同的办学水平。为了加快工业化的进程，在很长时间里我们采取的是农业支持工业、农村支持城市的发展战略，实行的是"双轨制"，维持的是"剪刀差"，城市和农村的教育政策也是双轨的，不同的教育经费标准，不同的教师工资标准，不同的师生比标准，等等；与此同时，为了集中资源培养一批优秀人才，形成了重点学校或重点班制度，在同一座城市，在同一个街区，不同的学校可能有很大差别。

2002 年中国共产党第十六次全国代表大会首次把公平正义作为政治工作的重大主题，把促进公平正义作为政治工作的出发点和归属，教育公平被列为教育最核心的词汇。2004 年十六届四中全会提出了"工业反哺农业、城市支持农村"的时代要求。2007 年，时任中共中央总书记胡锦涛在当年庆祝教师节的讲话中第一次提出了"把促进教育公平作为国家基本教育政策"的要求，2010 年《国家中长期教育改革和发展规划纲要（2010 - 2020 年）》对此做了具体的政策阐释和工作部署，指出：教育公平的基本要求是保障每个公民依法享有公平接受教育的权利；促进教育公平的关键是机会公平，重点是义务教育的均衡发展和帮扶困难人群，主要措施是合理配置公共教育资源（在区域之间向西部倾斜，在城乡之间向农村倾斜，在学校之间向薄弱学校倾斜，在人群之间向困难人群倾斜）。2012 年党的十八大继续把促进教育公平作为教育工作的基本方针。"十二五"期间采取了一揽子的计划和措施，促进中国的教育公平水平迈出了重大步伐。我和很多外国朋友进行过交流，他们都充分认可中国在促进教育公平方面的巨大努力和明显进展。

过程公平：平等地对待每个学生——一视同仁

不同的学校受到的教育不同，在同一校园内甚至坐在同一个教室里也未必能受到同样的教育。这是更深层次的教育公平问题。从政府责任的角度说，促进教育公平的主要措施是合理配置公共教育资源，缩小城乡、区域、学校之间的差距，创造条件公平的环境；但是，对每个具体的学生来说，学校内、班级内的不公平对个体发展的影响更大、更直接，后果更严重。

关注一部分学生，忽视一部分学生，甚至只关注少部分学生，忽视大部分学生的现象并不在少数。只关注一部分学生，只关注成绩优秀的学生，而忽视成绩后进的学生，有人称为"厚待前10名现象"。同在一个学校里，同在一个课堂上，不同学生的学习机会和发展机会大相径庭。由于升学竞争的压力，由于人性自身的弱点，聪明伶俐的、长得漂亮的、家庭背景好的学生很容易受到更多关注，被寄予更大期望，相反，那些不那么"讨喜"的学生就经常会受到冷遇甚至嘲讽。早在上世纪80年代我就做过关于农村学生辍学的调查，发现辍学的学生80％以上并不是因为经济原因，而是因为在班上经常受到忽视、批评甚至嘲讽。上学对他们来说没有丝毫的乐趣，而是经受煎熬，因此他们宁可逃离学校。针对期望效应的心理学研究表明，被寄予更高期望的学生会得到更多雨露阳光，性格会更加活泼可爱，学习成绩也会明显比其他同学提高得更快。优秀的学生、讨喜的学生通常会得到更多的教育资源，比如会得到更多的提问，会得到更多的鼓励，作业会得到更认真的批改，做错了事也会得到更多的原谅。有时候，课堂上的不公平可能比硬件设施上的不公平更严重，对学生成长的影响也更大。怎么把保障每个公民平等接受教育的权利这样一个现代教育的基本理念落到实处，怎样确保平等对待每个学生，保障每个学生得到平等的学习机会和发展机会，是过程公平的问题，需要更细心的维护，需要教育观念和教师素质的更大进步。

结果公平：为每个学生提供适合的教育——因材施教

说到结果公平，首先不得不申明的是，结果公平并不是让所有的人得到同样的成绩，获得同样的结果，这是不可能的，也是不应该的，事实上也从来没有一种公平理论提出过这样的主张，但是这种误解确实有一定的普遍性，所以不得不画蛇添足予以申明。教育公平并不是大家一样，更不是把高水平拉到低水平。所谓教育结果公平是指为每个人提供适合的教育，即因材施教，使每个人尽可能得到最好的发展，使不同家庭背景的学生受到同样的教育，缩小社会差距的影响，阻断贫困的代际传递。正因为如此，教育公平被称为社会公平的平衡器。

"最好"的发展其实也是一个相对的概念，随着社会文明水平和教育能力的提高，"最好"又会变得更好。这里的因材施教也已经不是局限于教育教学层面的概念，而是具有了更为广阔的社会含义。首先,社会发展到较高水平,形成了比较健全的人才观和就业观,形成了只有分工不同、没有贵贱之分的社会文化,人人都能有尊严地生活;其次,心理学的研究对人的身心发展规律有了更深刻的认识,对人的身心特点和个性特征可以有更为深刻和准确的认识,人的个性特点成为人的亮点,能够受到充分的尊重;第三,教育制度、教学制度、课程设计更加人性化,教师的教育教学水平得到很大的提高,信息化为个性化教育提供了极大的便利,社会各界都能自觉地围绕以人为本、以学生的发展为中心,给予更好的配合和支持;第四,教育的评价对促进学生的个性发展起到诊断、激励的作用,每个人的不可替代性能得到充分的展现,单一的评价标准,统一的选拔制度,恶性的竞争态势,僵化的课程和教学制度,自不待说大班额等得到根本性的扭转。

因材施教是为相同的人提供相同的教育,为不同的人提供不同的教育,就是在人人平等享有公共资源的前提下,为个性发展提供更好的条件。但区别对待不是等差对待,现在有些学校也在积极探索课程选修制、弹性教学制,试图增强学生的选择性,促进学生有特色的发展,这当然是值得鼓励的,但是有一种潜在的倾向值得注意,就是在分类、分层教学的时候,要防止和反对将优质资源、优秀教师集中在主课和高程度的教学班级,非主课和低程度的班级则安排相对较差的资源和较弱的师资,把分类、分层教学变成了差别教学。

机会公平、条件公平、过程公平、结果公平并不是简单的高低先后的线性关系,而是相互包含、相互影响、相辅相成的。目前机会公平在我国已经得到了相对充分的保障,也可以说有学上的问题已经基本解决,但部分进城务工人员子女、特殊儿童、家庭经济困难学生,地处边远、自然环境恶劣地区的孩子还未能平等地享有义务教育;随着大规模的学校危房和薄弱学校的改造,办学条件的标准化建设,我国的办学条件得到了大跨度的改善,但师资差距在城乡、区域、学校之间并没有得到有效缩小,在某些方面还有拉大的危险;过程公平正在受到越来越高的关注,但远远没有得到应有的重视;结果公平无疑是教育公平向纵深发展的新指向、价值引导的新路标。

在这个时候我们组织翻译《教育公平研究译丛》,就是为了进一步拓展国际视野,借鉴历史成果,也为更好地总结和提炼我们促进教育公平的理论和实践经验,促进世界不断向更高质量更加公平的教育迈进。译丛一共10册,其中既有专注的理论探讨,也有国际案例的比较研究,既有国家政策的大型调查,也有学校层面的微型访谈,在研究方法上也是多种多样,对我们深化教育公平研究无疑会有多方面的启示。这10册译著的内容摘要如下。

《教育公平:范例与经验》:本书探讨几个紧迫的问题:各国内部和国家之间差距有多大?是否有有效和负担得起的方式可以缩小这些差距?本书的作者是世界各地重要的教育创新者,他们报告了一系列独特的全球案例研究,重点了解世界各地哪些教育项目在解决不公平问题和改善教育成果方面特别有效。

《教育公平:基于学生视角的国际比较研究》:本书记录了学生在学校内外的正义经历,并将这些经历与他们个人正义感的发展和对公平的判断标准联系起来。本书特别关注的一点是向读者呈现那些潜在弱势学生群体的看法和经历。这一小学生群体包括有学习困难或行为问题的学生,明显较不适合"学术轨道"的新移民学生,以及母语为非主流语言或是来自社会经济贫困阶层的学生。

《生活的交融:亚洲移民身份认同》:本书阐明了新的理论观点、提供新的实证依据,以了解亚洲一些国家和地区的某些移民群体在生活中如何以及为什么把文化、社会、政治和经济的特征与不同地区和聚居地的根本特点相结合。本书编著者共同推动了交叉性分析新方法的产生。交叉性分析考察大量的因素,如种族、性别、社会阶层、地理位置、技能、文化、网络位置和年龄是如何相互影响,从而进一步危害或改善人们获得所需资源的途径。

《教育、公正与人之善:教育系统中的教育公平与教育平等》:本书把对教育公正的思考与对人之善和教育目的的思考结合起来,揭示出:仅对某些分配模式作出评估还远远不够;还必须澄清分配物的价值。从这种意义上来说,对教育价值的深入思考也是解释教育公正的一部分。

《幻想公平》:本书作者探讨了平等和教育问题,特别是平等和质量之间的冲突,之后他转而探讨了诸如社会阶层之类的社会因素与教育公平之间的关系。同时,他还讨论了知识社会学的新支持者们的观点,这些人声称不平等的原因在于我们组织知识以及将知识合法化的传统方式。最后,他将注意力转向文化问题以及建立一个共同课程的愿望。在书的最后,作者犹犹豫豫地声明自己是个非平等主义者——并非因为他强烈反对平等,而是因为他热烈地相信质量之于教育的重要性。他无法理解在当前对平等主义政策趋之若鹜的情况下,教育的质量如何能够得到保证。这是一本极具争议的书,它既通俗易懂,又别出心裁,同时也不乏严厉的批评。

《科尔曼报告:教育机会公平》:该报告根据美国《1964年民权法案》的要求,经过广泛调查,以白人多数族群所获得的机会为参照,记录了公立学校向少数族裔的黑人、波多黎各人、墨西哥裔美国人、东亚裔美国人,以及美国印第安人提供公平教育机会的情况。该报告的比较评估建立在区域性及全国性的基础上。具体而言,该报告详细介绍了少数族裔学生和教师在学校里面临的种族隔离程度,以及这和学生成绩之间的关系,衡量因素包括成绩测试,以及他们所在的学校类型。调查结果中值得注意的是,黑人学生和教师在很大程度上被以不公平的方式与白人师生隔离,少数族裔学生的成绩普遍低于白人学生,并且更容易受到所在学校质量的影响。

《日趋加大的差距:世界各地的教育不平等》:经济增长究竟是造就了机会的开放(如社会民主国家),还是导致公众为公立教育机构的少数名额展开激烈竞争(如福利制度较薄弱的发达国家);民办高等教育的惊人增长,一方面弥补了高等教育机会的缺口,但另一方面也给部分家庭带来了严重的债务问题,因为这些家庭必须独自承担这种人力资本积累。在不平等日益扩大的背景下,世界各国展开了对教育优势的竞争。对于理解这个现象,比较研究是一种至关重要的方法。本书对该问题研究的贡献在于:在对不同教育体系进行描述之外,展开详细的国家案例研究。

《教育的社会公平手册》:作者指出教育的社会公平并不是什么新的理念,也不是又一个对现状修修补补的改革倡议,教育的社会公平是民主社会教育和教学的根基,是民主建设的基石。我们将迎来一个文明先进、充满希望的黄金时代,在这个时代,儿童会成为最受瞩目的社会成员,而教学将回归本真,被视为最重要、最高尚的事业。这一点虽然在政策和实践上会有分歧,但却很少被公开质疑。本书将作为教育改革斗争中的一件利器,提醒我们教育不可改变的核心地位。社会公平教育是建立在以下三大基石或原则之上的:1. 公平,即公平性原则;2. 行动主义,即主动性原则;3. 社会文化程度,即相关性原则。

《教育、平等和社会凝聚力:一种基于比较的分析》:本书采用不同的方法,主要关注两个问题,一是社会层面,而非个体、小群体及社区层面的社会凝聚力;二是教育如何影响以及在什么背景下影响这种社会凝聚力。因此,本书所探讨的是最广义上的社会凝聚力结果,作者们不仅从融入劳动力市场的角度,而且从可能与社会凝聚力相关的更广泛的社会属性角度对这个问题进行了探讨,后者包括收入不平等的结构性、社会性和经济性议题:收入低下,社会冲突,以及基于信任、容忍度、政治投入与公民自由的各种文化表现形式。

《学校与平等机会问题》:本书聚焦大众教育中的"平等—效率"困境。如今的很多教育研究将目光投向教育改革,人们期待那些改革能关注平等机会这个问题。西方国家的学校也探索了许多替代方案,诸如去分层化、更灵活的课程、重视子女的自我观感胜过重视他们的学业成绩、通过测试来确保没有子女掉队,以及为低收入家庭提供选择。本书研究者收集到的证据表明,尽管展现了一些进步的可能通道,他们仍然对于很多学校所采取的激进的改变机会结构的政策的有效性提出了质疑。根据目前所知,人们不宜期望短期能出现奇迹。最好的方法就是通过一个高效的教育体系来挑战每位受教育者,让他们都实现自己的潜力。在那个意义上,一个高效的教育体系也有助于实现平等。

2018 年 5 月

目 录

表格目录

前　言

　　在本书中,我们记录了学生在学校内外的公平经历,并将这些经历与他们个人正义感的发展和对公平的判断标准联系起来。本书特别关注的一点是向读者呈现潜在弱势学生群体的看法和经历。这一学生群体包括有学习困难或行为问题的学生,显然不适合"学术轨道"(academic trajectory)的新移民学生,以及通过第二语言学习或是来自社会经济贫困阶层的学生。目前,我们已经在北欧、南欧和东欧的六个欧洲国家中进行了一系列研究,在日本也作了比较研究。我们采用了比较研究法,因为通过这种方法,我们可以考察学校组织中的自然差异,研究它们是否是造成弱势学生正义感发展中各种差异的潜在原因。我们的分析考虑到了学生所在学校的特点、学生的家庭和社会背景、学生对弱势的判断标准和他们正义感的形成。我们考察了学生经历及其对学生幸福感(well-being)、工作、在校关系、任务参与度和结果的影响,也考察了其对学生在学校的道德判断、对机构的信任程度以及通常不公正现象的影响。这给政策制定者和从业人员提供了重要的启示,让他们认识到学校组织和教师行为在创造公平和帮助学生形成正义感中所起的作用。

　　学生可以对什么是公正有清晰的观点,也很愿意表达自己的观点。研究者是否愿意承认并分析这些观点呢?

　　我们的研究是欧洲教育系统公平性研究的一部分,本书中的许多实证研究都来源于此。除了以下列出姓名的同事以外,我们还要感谢 Luciano Benadusi 和 Marc Demeuse 作出的重要贡献;感谢 Karel Cerny,在第 8 章小节中我们运用了他的原产地编码;感谢 Bernadette Giot,她对我们第 9 章中概述的案例研究工作作出了重要贡献。

　　感谢欧盟委员会的各位代表,尤其是 Jean Yves Stefani 和 Anders Hingel,他们也为我们的整个项目提供了大量支持;还要感谢大和英日基金(the Daiwa Anglo Japanese Foundation)对本研究中日本研究部分的支持以及对我们的同事在京都教育大学进行研究时提供的帮助,特别是他们对 Mizuyama Mitsuharu 博士在进行实地调查中的帮助。

该项目由欧洲委员会教育文化总司苏格拉底项目(2005 - 2434/001 - 001S02 - 610BGE)支持。

我们还要感谢参与此项研究的所有人,特别是以下我们的同事:

Nathanael Friant,

Aletta Grisay

Christian Monseur,

Frederique Artus

Giuseppe Ricotta

Norberto Bottani

Orazio Giancola

Sophie Desvignes

Vanita Sundaram

第一部分
介绍

第一章 学校的作用反思

3

引言

　　教育发展的一个关键目标是提高学生的参与度和成绩,尤其是那些在语言、经济、能力等方面处于弱势或有特殊需求的学生。另一目标是要增强学生的学习乐趣,并帮助他们为获得公民资格作好准备。许多教育研究关注的都是学生的成就和教育参与,但关于如何提高公正(fairness)经历教育、学习乐趣和推动优良公民教育(good citizenship),以及判断上述目标是否得到实现的研究却相对较少。我们将通过以下两个方式来充实我们在该领域的知识:一是观察学校和学生经历对其如何发展有关公正、志向和信任的公民价值观的影响;二是利用工具评估他们在学校、家庭和社会中的正义(justice)经历以及他们的家庭背景和对未来的希望,展示新的学生国际调查结果。

　　此书记录了学生的在校正义经历,并将这些经历与他们个人正义感的发展和公平(fair)判断标准联系起来。对于许多学生而言,学校经历深刻地影响了他们对社会的认识、自身公民身份的认知以及正义感(Gorard,2007a)。我们视学校为有组织的社会,在塑造学生正义感中扮演着重要角色。我们尤其要去反映那些潜在弱势学生群体的看法和经历,这一学生群体包括有学习困难或行为问题的学生,显然不适合学术"轨道"的新移民学生,以及通过第二语言学习或来自社会经济贫困阶层的学生。我们从

4

以前的研究(包括我们自己的研究和其他文献)中知道,这些潜在的弱势因素与学生成绩密切相关(Gorard & Smith,2004)。但更为普遍的是,关于教育中最弱势群体状况

的信息极其匮乏且不成系统。由于基本信息的缺乏,目前尚不可能在欧盟对这方面进行真正的比较研究(Nicaise,2000,p. 314)。我们也需要进行更多的研究才能确定学校改革是否能有效解决教育排斥及社会排斥问题。我们认为,通过采访学生并倾听他们自己对于在学校内外经历的描述,我们可以为决策者和从业者提供有用的信息。

我们特别想描述学校如何通过正规教学以及鼓励学生参与各类社区活动、设定民主结构和包容性教学安排等方式来培养公民。因此,我们关注的并不只是注重学业成绩的学习,而是可能对学生进入社会后的行动和轨道产生影响的学习。如果把学校视为微观社会,我们可以猜想,在校对正义与公正的学习有助于塑造学生在校外的正义观念。我们知道,无论处在什么学校体系之中,抑或在任何上学阶段,与其他学生相比,弱势学生的进步都更小,当周围有较多的弱势学生时更是如此(Duru-Bellat & Mingat,1997),原因可能是他们的学习条件比其他学生更差(Grisay,1997)。因此,学生的正义经历,特别是非正义经历,会削弱他们的人际信任和对制度的信任,强化他们对政治和公民参与的消极态度,让他们不能包容与自己明显"不同"的他人,甚至导致他们怀疑公平存在的可能性。

现代社会对学校的要求在不断提高,从要求入学平等(equality of access)发展到待遇平等(equality of treatment)。入学平等指每个人,无论出身,都有上学的权利;待遇平等指学校为所有学生提供相同的服务。而如今,社会希望基本学习成果也能更加平等(equality of threshold outcomes)。因此,大多数发达国家对学校教育的期望是:在每个教育阶段结束时,至少在掌握当代社会所必备的基本技能方面,所有学生都能有同样的表现(equal performance)。当然,这不应限制一些人(甚至许多人)在义务教育之外继续接受教育。

制定教育公平(equity)指标

举例来说,欧洲"里斯本议程"(Lisbon agenda in Europe)中对经济竞争力的论述就着重强调了国际教育指标、基准和质量控制的重要性。欧盟制定了一系列指标,用以衡量各成员国教育政策的成效,并由此得出一份成员国的排名。这是人们预期的结果(Ertl, 2006, p. 16)。有些人认为,虽然欧洲《马斯特里赫条约》(*European Maastricht treaty*)清楚地写明了禁止教育和培训政策的同质化,但人们依然可以在不立法的前提下,通过建立一套可供比较的指标体系来有效地制定教育政策。虽然难免存在各种缺点(Gorard, 2001),但针对不同学校系统开展的国际研究依然有其价值。在不同国家和地区,学生在不同程度上会被按照社会经济地位或个人能力分类,这又在不同程度上影响了其正义感的形成,这些差异都能在该研究中凸显出来。在国际对比研究中,通过对比政策生效国和未生效国所发生的不同变化,研究者能够更深刻地理解新政策的影响。实际上,这些研究呈现的是一种自然的、符合道德标准的实验控制。

基于国际调查得到的数据,人们有望设计出一套指标来反映教育系统对待年轻一代的状况(Baye 等,2006; OECD, 2005)。虽然该领域最初的研究着重围绕教育系统在测验和成绩方面的有效性,但对公平问题的关注在不断增加。最初,研究主要基于现有的文件,如 OECD 出版的《教育概览》(*Education at a Glance*),但很快学界也开始专门设计一些方法来搜集证据(Baye, 2005; Gibson & Meuret, 1995)。

OECD 制定的内部教育指标计划(Internal Education Indicators Project, INES)的一项内容,是针对教育公平问题特别设置欧洲教育系统公平性专项小组开展相关工作。在专项小组开展的工作基础上(Hutmacher 等,2001),欧洲教育公平研究小组(European Group for Research on Equity in Educational Systems)(EGREES, 2005)提出了一套参考框架,为数据整理提供一套连贯的指标体系(Demeuse, 2004; Meuret, 2001; Nicaise 等,2005)。鉴于教育系统在公平问题上的复杂性,建立一套指标体系非常有必要。上述这套指标是建立在两个维度的框架之下的。第一个维度关注的是可能存在不公正差别的群体。比如,在处于地位最有利和最不利的群体之间存在的哪些差别是不被接受的,以及在其他明显不同的学生群体间是否存在差别,如男生和女生、移民学生和当地学生、父母从事不太受人尊重/收入较低/从业资格较低职业的学生和其他更有特权的学生。第二个维度则考虑这些差别可能出现的领域,包括:

6

外在环境,比如贫穷、受家庭和同龄人影响的志向等;
教育过程本身,包括不同的受教育时间和质量、不同的个人发展以及不同的学校组成；

　　教育结果，包括教育带来的个人结果，比如收入差距、经济社会地位不平等、社会流动性以及一些集体收益（比如对学校和他人更强的耐受度）。

　　引起相关研究人员兴趣的是 OECD 在 2000、2003 年资助展开的"国际学生评估项目"（PISA）（OECD, 2007b）。2000 年 PISA 测评覆盖了来自 32 个国家的 265,000 名 15 岁的学生。2003 年 PISA 测评则覆盖了来自 41 个国家 275,000 名 15 岁的学生。调查项目包括测试学生的读写、数学、科学和问题解决能力，同时发放学生问卷和学校问卷，了解学生的学习动机、信息教学技术 ICT* 的使用情况、学校组织结构等信息。欧洲教育公平研究小组对 2000 年 PISA 测评结果重新分析之后（EGREES, 2005），我们又在 5 个欧盟国家面向 6000 名学生开展了一项后续调查，这些学生与 PISA 的调查对象处于相同年龄段。我们的调查减少了对成绩的关注（这也是第三次国际数学与科学研究的关注点），而更看重学生自己对校内外正义的看法（Smith & Gorard, 2006）。

　　许多大型国际研究［诸如国际教育协会（IEA）开展的公民教育研究（Civic Education Study）］已经在尝试进一步了解学生对民主和公民权的看法，以及不同国家学生看法间的差异。1999 年开展的公民教育研究调查了约 12 万名年龄为 14 岁或 17—18 岁的学生（Civic Education Study, 2001）。该研究的一项重要发现是：那些营造开放的讨论氛围，并借此塑造民主价值观的学校在培养学生公民意识、促进学生公民参与中更有可能取得成效（Torney-Purt 等, 2001）。虽然这项研究有助于我们了解学生如何构建他们对公平和责任的观念，具有一定的借鉴意义，但它们总是仅着眼于学校之外的公民责任与公民参与。而在这次研究中，我们对于校内的情况同样感兴趣，并力图了解公平公正体系在校内如何影响学生的观念以及整体上对教育的理解。

　　为完成本书中描述的这项新研究，我们在五个欧洲国家（分别代表北欧、南欧和东欧）和一个环太平洋国家（日本）开展了实地调查。我们的数据主要来源于一项关于 14 岁学生看法的国际调查。受我们开展的一项相关大型试验调查的启发，本研究使用了类似的调查工具，但从中吸取了经验教训，尤其在对目标弱势群体的分类方面加

＊ ICT 是 Information Communcntion Technology 的缩写，指信息技术在教学中的应用。——译者注。

以改进，制定了一套新的研究方法。共计有来自 450 所学校的约 1,4000 名学生参与了调查。我们整理了所有能够获取的关于这些学校生源和成绩的现有官方数据，另外在班级层面进行了问卷调查，在调查实施过程中我们也作了观察和考察记录。我们试图通过这些不同背景资料来解释从这些受访学生中可能得出的发现。我们考察了来自不同社会经济背景、说不同语言、来自不同国家和不同类型学校的学生，描述了这些学生在学习成绩和学习经历方面的差异。我们发现，不同类型的学生对正义有着不同的理解，因此也从社会和教育层面对其决定因素提出了合理的推测。我们已将研究结果呈现给来自不同国家的教师、学校领导和教师培训师，供他们进行讨论与反馈，探讨研究结果，并商议如何开展下一步的分析工作。我们也尽可能地将他们的评论与关注点纳入到分析之中。

本书结构

什么是教育公平，我们为什么要重新考虑学校设立的目的？围绕学校教育的国际研究通常把重点放在对学生成绩的解读上，这虽然很重要，但过于狭隘。政策制定者和其他评论员们想要找到如下问题的答案：他们的学生学得如何；如何提高学生的成绩；不同的学生群体比较而言做得如何，以及什么样的学校体系产生最好的结果。第二章重新讨论了这种传统的学校效能观，指出目前对好学校或好学生的定义是不完善且无效的，但目前整个研究领域都已被这种定义所主导。

事实上，学校和学生远非只与"笔和纸"的考试成绩相关。在第三章和第四章中我们将学校视为微型社会，学生在学校完成进入社会的准备。在这两章中，我们总结了支持该观点的一些证据，特别是我们有证据表明学校的经历对一些学生有终生的影响。第五章讨论作为正义原则的公平概念，提出认同不同的正义原则（如待遇平等、结果平等）会让人们形成不同的正义标准。除非人们清楚地认识到这些不同的正义评判标准只适用于某些特定领域，否则它们的不同将导致相互矛盾的行动主张和要求。学生们是否能以同样的方式认同和运用这些标准？在第五章和第六章中，我们从国际角度出发研究上述这些问题，调查对象覆盖一个东亚国家和五个欧洲国家。

第七章到第十章概述了我们的重要发现。第七章介绍了国际比较的结果。第八章介绍了不同潜在的弱势群体的正义经历。第九章讲述在主流学校以外接受教育的学生们的故事，第十章对这些问题进行了多元分析，构建模型分析学生报告的部分结果——如期望、对他人的信任和正义观念的可能决定因素。第十一章介绍这项研究对政策和实践的影响，以及我们未来应对公平和教育的可能途径。

第二章 质疑学校在学生培养中的传统角色

引言

在本章中,我们将简要回顾一下评价学校的传统依据——学校提高学生正规考试和测验成绩的效能。事实上,这一关于学校目的和质量的评价方式占据了极为重要的地位,以至于有些人把学校对于学生学业成绩的培养视为理所当然的,因而很大程度上忽略了学校在其他方面可能造成的影响。在本书接下来的章节中我们还会衡量老师、学校以及学校结构对学生发展产生影响的其他一些可能方法。判断学校效能(school effeetiveness)的标准可以包括:财务绩效、学生人数、学生是否享受教育、学生未来的教育参与度(pupil participation),学生的志向以及学生对公民身份的准备等。另一个极为恰当的成功学校指标可以以学生的评分为基础,旨在发现学生在学校里学到了多少知识或学得怎么样。有趣的是,过去的 50 年里,最后一种判断方法在以英国为代表的各国中占据了极为重要的位置。本章将着眼于这一衡量学校绩效(school performanlt)的主要判断方法,分析其逻辑上的不足,并据此提出,该方法反映出的对学校设立目的的看法虽然传统,但有局限性,是时候进行改变了。改变可能引出关于学校设计及其配置的修订办法,修订办法将更多地基于公平,而非效能(根据这些相对狭隘的术语进行判断)。本章内容的更完整讨论可参见 Gorard(2010a)。

学校效能模型

有很多合情合理的原因可以解释为什么有些人希望把学生的成绩作为评价学校绩效的标准。在很多国家,大部分学校都是公共资助的(见第五章),因此公共财政的监管者希望能够评定这些钱是否被妥善利用。政策制定者们想要知道公共服务是否良好运行、近期改革产生了何种影响。家长和学生在选择学校时也希望有一个能够衡量学校质量的标准。校长和老师也希望获得关于他们所在学校有哪些优势以及哪里需要改进的反馈。很少有利益相关者会关注学生本身以及他们在学校的经历。

对于任意一所学校来说,如果按照其学生在学业考试中的成绩对他们进行排名,我们很可能会发现,处于排名两极的学校之差远不止于学生的成绩之区别。位于较高级住宅区的学校、位于美国(地方收入较高)的学校、按照能力天资甚至宗教信仰来选拔学生的学校以及要求父母缴纳学费的学校,其排名往往靠前。而学生流动性较高的学校、位于低收入地区的学校、大部分学生家庭收入较低或是多数学生母语非授课语言的学校,其排名往往靠后。这一情况众所周知,这也意味着用原始成绩(rawscore)作为评价学校绩效的指标并不公平。一些关于学校效能的早期研究发现,一旦将这些学校的生源差异考虑在内,那么学校成果的差距是极小甚至没有的(Coleman 等,1966)。利用学生前测成绩和学生家庭背景这两者或其中一者进行研究的方式(Coleman 等,1982;Gorard,2000a)一直沿用至今(Guldemond & Bosker,2009;Lubienski & Lubienski,2006)。各学校间学生成绩、学校类型以及学校体系的差异很大程度上都可以用他们招收生源的差异来解释。样本越大,研究就越精确,相关评价方法就越可靠,学校间单纯的分数差距可用学生背景变量解释的百分比就越高(Shipman,1997;Tymms,2003)。由此可见,学校对学生学习的影响较小(采用上述研究方法进行研究,以及与同系统的其他学校对比后得出该结论)。尽管仍有一些不能用学生背景解释的学校成果差异,但这些差异大多被认为是受到了琐碎因素的影响,而这些琐碎因素在分析过程中被省去了。

然而,在过去的 30 年里,另一组研究却得出了一个截然不同的结论。这组研究的数据与前一组研究大致相同,但是更强调学生的前测成绩(prior attainment),而非家庭背景(Rutter 等,1979)。"学校效能"的研究人员同样认为很多或者说大部分学校成果的差异是生源差异导致的。但他们也提出,未解释差异(即原始分数中用生源质量不能解释的差异)证明了学校效能和老师效能之间的差别(如:Gray & Wilcox,1995;Kyriakides,2008;Nuttall 等,1989)。这种观点更容易为非传统教育社会学的教育调查者以及发达国家的政府政策所采纳(Sanders,2000)。随着时间推移,调查者们认为不能用学生背景解释的学校成果差异已然十分明显,且一直稳定存在,因此应该将其视为一种学校效应(school effect)。他们还认为,老师、学校以及领导与这种效应的大小有关。排位表、成绩报告单或者类似的排名表就是基于这种学校效应编写的,家长也被鼓励按照排名为他们的子女选择学校。

在英格兰,儿童、学校和家庭部(the Department for Children, Schools and Families,简称 DCSF*)负责组织学校和儿童服务。DCSF2007 年发表报告称,在对比了各所学校的表现后我们必须承认,学生在刚进校时的起点各不相同,不同起点的学生在学校中的比例以及其他外在因素会影响学生进步的幅度。他们据此得出结论:他们的背景附加值(Contextual Value Added,简称 CVA)分析法采用了一种更公平的统计度量法来测评学校的效能,并且为各学校间的对比提供了更加坚实的基础(第 2 页,着重强调)。根据 CVA 分析结果,学校的测评等级从某种程度上来说是被预先设定了的。学校被赞扬或是贬抑,以及排位表的产生都是为了帮助家长择校(详见后文)。CVA 分析是如何进行的? 一项有关 CVA 分析的拓展案例研究确认,就像所有测评学校效能的传统方法一样,CVA 并不成立。这意味着我们有可能开辟出一条全新的道路来考量学校效能,而这也确实是必要的。这种新的考量方式正是本书随后章节的基础。对于那些已经熟知学校效能固有问题的读者来说,他们可能会想要跳到本章的最后一部分读一读。

CVA 分析法给每个学生设置了一个增值(value-edded,简称 VA)分数:取各学生进校学习后的成绩分数,和跟他/她拥有同样起始(输入)分数的所有学生成绩分数的中间数,这两个分数之间的差值就是该生的增值分数。比如:在关键学段 2(KS2)到

---

* 现改名为教育部(Department for Education)。——译者注。

关键学段 4(KS4)的 CVA 分析中,英格兰所有公立学校都计算了 KS4 学生在 KS2 时的均分。在结束 KS2 的学习后,所有学生(通常年龄为 10 岁左右)都必须接受基础教育阶段的法定测试(KS2 测试)。结束 KS4 的学习后,所有学生也要接受测试。这时,他们的年龄约为 16 岁,恰好是学生可以结束学业的法定年龄。KS2 均分是每个学生在 KS2 测试中三门核心科目(英语、数学和科学)的均分。然后,取 KS4 考试中成绩最好的 8 门课的分数(不超过中等教育证书考试或其同类考试的分数)计算每个学生的 KS4 得分。这些数据为每个 KS2 分数提供了 KS4 分数的中间数。这一中间数和每个学生个人的 KS4 分数的差值就是他们的增值分数。差值会根据每个学生的特征进行调整,包括性别、特殊需要、种族、是否有享受免费校餐的资格、第一语言、流动性、精确年龄、是否受政府照管,尤其要考虑按地区度量的低收入家庭比例(IDACI——剥夺指数)。完整的计算公式详见本书附录。等价模型在 CVA 计算中也被用于计算其他学段的分数,如 KS1 和 KS2。

数据中的错误

用这种方式计算学生取得的进步,看似十分清晰。尽管有些复杂,但逻辑上也令人信服。诸如 CVA 之类的学校效能模型着重考虑了学生的前测成绩以及学生的背景,并以此评价学生在某个教学阶段所取得的进步。跟把分数作为单一指标得出的结果相比,这种方法确实更好,相对来说也更成功。当然,这一过程很大程度上取决于用于计算的数据的准确性。如果数据是完整且正确的,并且对希望测量对象的测量十分成功,那么用这种方法计算学校效能的过程不管是看上去还是听起来都好像有可取之处。不幸的是,用于这类计算的数据集(dataset)难免有所缺失,在度量过程中可能存在不精确甚至错误之处。本节将继续引用 CVA 这个例子来阐明这些错误在生活中的范围以及重要性。接下来的这一节将会展示这些错误是怎样在计算过程中蔓延,并导致学校效能的计算结果失去意义的。

首先需要考虑的是在计算学校效能过程中所需数据的完整性。英格兰的 CVA 分析是基于两大彼此相连的官方数据集进行计算的——全国学生数据库(the National

Pupil Database,简称 NPD)和年度学校学生水平普查(the Pupil Level Annual School Census,简称 PLASC)。按照法律,所有学校每学年都要向这两大数据集提供最新数据,政府会根据数据的完整度决定拨给各学校的资助金额。PLASC 收集了英格兰公立学校里所有学生的记录,详细介绍他们的背景特征,包括待在儿童照顾所的时间、特殊需求状况以及第一语言,也包括一些成绩数据。NPD 涵盖了英格兰公立学校里所有学生的个人记录,详细记录他们的考试、测评条目和成绩,以及一些背景数据。这两大数据集给调查者们提供的数据非常光鲜,至少跟其他发达国家的数据集相差无几,然而这些记录并不完善。

　　这些数据存在遗漏之处,有些是由设计造成的,如 7% 在私立学校接受教育的学生,以及那些在家里接受教育的学生。此外,有一小部分学生可能正在办理转学手续,或者并没有在某所学校上学或注册。后一种情况中有很大一部分属于被学校永久开除的学生。如,在 2005 年里,有 3000 名学生被学校永久开除,因此 PLASC 里没有他们的记录(Smith, 2009)。此外,尽管表面上这两大数据集都有所有公立学校的学生记录,但是在有些年份,这两大数据集中约有 10% 的学生个人记录互不一致。当然,这也意味着他们的背景和成绩数据无法匹配。在尝试为同一个学生进行跨阶段匹配时,同样的情况也出现了。又比如在 2007 年,数据集内处于 KS4(即 15 岁)的那一批学生数量为 673563 人;但是在这些学生中有接近 10% 的人,其数据记录与其较早学段的记录不一致,如 KS2 时的记录(那时他们 10 岁,处于小学的最后一学年)。任何一位迁往或迁自英国的其他地区的学生都可能因此缺少一个或多个关键学段的分数。这些地方,如威尔士,已经废除了一些法定考试。类似地,任何从私立学校、非正式办学机构或是国外学校转回英国的学生也可能因此在 PLASC 或是 NPD 数据集里缺少相应的前测成绩记录。总结来说就是,在 PLASC 和 NPD 这两大数据集内,约有 10% 的孩子完全没有记录,至多有 10% 的孩子缺少前测成绩记录以及至多有 10% 的孩子在二者之一中没有一致的记录。这些缺失的案例中可能会有重叠部分,但是这已经证明了数据集并不完整。

　　第二个考虑因素是,即使是那些在数据集中存在的记录,也可能存在数据缺失的情况。2007 年,用于计算 CVA 的 PLASC 和 NPD 数据集中,每个 KS4 变量,包括背景变量和成绩变量,缺失案例的比例都很大。如,关于学生是否有人照顾这项调查,至少

14

有 80279 条数值缺失,占样本总数的 12%。至少有 75944 条记录没有标注学生是否有资格享受免费校餐(这在 CVA 分析中是衡量家庭贫富状况的重要指标)。有缺失情况的记录占所有记录的 11%。甚至,尽管有些数据看似没有缺失,但事实上它可能并不完整。例如,关于学生种族背景的数据中,有些数据在数据集中被标注为"系统缺失",但除此之外还有一些学生并没有被标注为缺失,而是被标注为"被拒绝"或是"未获得"。这些缺失的案例中也存在一些重合情况,但数量有限。例如,如果我们把 2007年 PLASC 和 NPD 数据集中所有存在数据缺失(如是否有享受免费校餐的资格、监护情况、特殊需要、性别和/或种族)的记录都删除的话,数据集的规模就会缩小为577115 条记录(即原有规模的 85%,但前文已经解释过,原有数据本身就是不完整的)。如果我们把 CVA 中所有的变量都考虑在内(见附录),包括更进一步的背景变量,如学生的第一语言、每门课乃至每年级的成绩(这将会新增很多记录),那么将只有不到 50% 的英格兰学生(年龄不限)在所有的相关数据集中拥有所有关键变量的完整记录。

在 CVA 分析中采用诸如剥夺指数(IDACI)等基于地域的测量方式,原因之一是它们可以从某种程度上弥补个人记录中数据的缺失。然而,这种地域划分方法存在两个明显的缺陷。首先,该方法假设生活在同一个地区的人拥有同一种程式化的性格,这实际上是引入了一种生态谬误(Webber & Butler,2007)。其次,该方法是通过采集个人的邮政编码(地区或邮递区号)来确认其所在区域的。在 2007 年的 PLASC 和NPD 数据集中,至少有 69902(远超过 10%)名学生的剥夺指数缺失,因为他们的地址不明。这也导致了所有学生的记录中至少有一个变量存在明显的错误。CVA 模型中使用的各个学生的剥夺指数值都是基于英格兰所有家庭的剥夺指数值计算得出的。我们必须意识到这些所有的数据缺失并不仅仅出现在这些学生十五六岁时的 KS4 数据集中,在其他相匹配的数据集中(如记录学生 10 或 11 岁时学习成绩作为前测成绩的 KS2 数据集中)也同样存在缺失现象。很明显,数据缺失对于任何关于 PLASC 和NPD 的分析都是个巨大的问题。

在分析过程中,缺失数据的案例被轻易忽视了,缺失的数据也被替以默认值——默认值通常为平均数或默认其与同地区的其他人一样(性别则默认为男性)。所以DCSF 的分析人员假设没有剥夺指数的学生(通常是因为没有他们的邮政编码)生活在中等收入的居民区。当我们无从得知一名学生是何时入学当前学校时，我们会假设他已经在这里学习了很长时间。在数据集中，所有不确定是否有享受免费校餐资格的学生都被认定为非家庭贫困，所有 KS2 或 KS4 考试分数缺失的学生都被视为成绩中等，以此类推。作出这种假设是为了利用那些至少缺失一个关键数据的记录，毕竟这些记录的数量巨大。但是这些假设存在很大的问题。有很多证据可以证明在这种数据集中，数据完整的学生和数据不完整的学生之间存在差异（Amrein-Beardsley，2008）。作出这些没有根据的假设意味着，很大一部分记录中至少有一个关键变量的数据可能是错的。总的来说，在使用任意一种模型计算任一国家的附加值时，数据缺失都是一个严重的问题（Van de Grift，2009）。

那么假设没有数据缺失，情况又会如何呢？通过考试、专题研究、课程作业或者教师打分的方法对学生进行评价，这种方法并不是完美的。在评价分数方面，由于评价的年份、课程科目、评价模式、考试委员会以及资格证类型的差异，还存在较大的且有详实记录的可比性等问题（以及其他问题，见 Gorard，2000b；Newton，1997；Nuttall，1979）。Newton（2009，p. 181）曾说过：

> 毫无疑问，假如某一测试过程在其他年份重新进行一次的话，很大一部分学生可能会得到不同的评级。

学生成绩法定评估结果不准确的呼声在英格兰经常出现。最近的一份新闻报道称：

> 最新公布的调查显示，参加国家英语写作考试的学生中有接近一半的考生分数有误，造成这一情况的原因是阅卷老师评分不准确。（Stewart，2009，p. 14）

此前一年，英格兰负责考试监察的部门——资格与课程局（the Qualifications and Curriculum Authority，简称 QCA）——在另一次严重失职后解散，该部门负责人也随即辞职。然而其继任部门——英格兰监管学历发放机关英国资格及考试办公室（Office of Qualifications and Examinations Regulation，简称 OFQUAL）——为了避免再次失误所采取的一系列监察措施却被一再削减,据推测是因为资金困难。事实上,公共评价制度在英国的施行情况总体良好,QCA 出现的那些明显错误以及其他问题在考虑到英国复杂的考试制度和监管体系(见下文)的情况下,也是可以理解的。从某种程度上来说,这些错误和问题之所以会暴露出来,是因为 QCA 部门中的某些关键人物觉得,大众应该对所谓考试"标准"有一个更切实的了解。评分审核制并不完美,错误也确实会出现。但是如果在任意一年,在某场考试中都会有接近一半的分数属于误判,那么我们必须为所有用于计算 CVA 的成绩数据假设一个合理的错误等级。

即使制度能够保证准确给出学生们的评价分数,我们也不能确定这些成绩不会因为某些原因出现错误。倘若我们把学生的潜在能力视为评价中真正的衡量标准,那么即使是最完美的评测手段,也可能会由于评测条件不同(例如,某个考场的火灾报警器突然响了)、评测日期不同、教师无意的(有时是有意的)帮助、学生健康状况等等,导致所得数据出现错误。评估能力并不容易,它不像测量考场的长度或考场里面的人数那样简单。不管是多么周全的评测系统,我们都必须假设结果中可能出现评估错误,并为之预设一个合理的错误等级。

紧接着,分析人员面临的就是换算问题以及可比性问题。例如,针对 KS4 的分析牵涉了不同机构举办的 GCSE 考试,有些是分模块分年考核的,每个学生的考试科目和参考等级也不尽相同。有些 GCSE 考试很短,有些则较为完整。即使有分析人员对于这些分数的可比性和可靠性十分确信,但是这些数据将会和越来越多的其他种类资格证的成绩数据合并起来,一同进行分析。在 2007 年,这些资格证包括:英国普通国家职业资格中级课程证书(GNVQ intermediate)、国家职业资格(National Vocational Qualification)、国家商业证书(National Certificate in Business)、商业与技术教育委员会证书(BTEC)、关键技能证书(Key Skills)、基础技能证书(Basic Skills)以及语言资产证书(Asset Language Units)。这些证书都需要被换算为通用的分数,尽管他们的评分结构事实上完全不同。换算过程也进一步降低了分析的精确程度。

相同的情况也会出现在分析背景变量的过程中。NPD 和 PLASC 这两大数据集利用简单的二进制编码来记录性别,即便如此,仍有少部分学生的性别在这两个数据库中互不相同(更多的情况是没有任何记录,有极少数学生的编码无效,推测是数据录入错误)。在关于是否有资格享受免费校餐、种族以及第一语言的记录中存在更多错误,关于特殊教育需求的记录可能是错误最多的。例如,代表特殊教育需求的变量有三个可能的来源:学校行动(School Action)、加强学校行动(Action Plus)或者声明(Statement)。这三大来源有些属于学校的责任,有些则对父母为给孩子争取额外考试时间而采取的行动很敏感。同一所学校内,被记录在案的有特殊教育需求的学生数量随记录年份不同展现出了巨大的差异,且在英格兰的不同区域,其占所有学生人数的比例相差甚远(Gorard 等,2003)。众所周知,民族(CVA 分析中给出了 19 个类别)的划分非常困难(Gorard,2008a)。与之相关的数据是与学生是否拥有享受免费校餐的资格(这一项数据本身就存在缺失)一起分析的。当变量被一起用于 CVA 分析时,任何一个变量出现错误都会导致分析结果出现错误。

相关测算一旦得出结果,结果数据就会被编码、输入并储存在数据集中。每一个步骤都有可能导致进一步的错误(Gorard,2010a,曾对此作出解释)。因此,由于可能产生错误的机会太多,我们很难相信有不存在任何错误的学生记录。在英格兰,CVA分析法被用于解释数据中存在的问题,即使是非常权威的数据集采用的也是这一方法。与之相似的甚至是更严重的问题同样出现在了英国其他的官方数据集中(Gorard,2008b)。其他国家,如美国,也出现了问题(Sanders & Horn,1998,p. 248)。这是为什么呢?

错误的蔓延

对于在分析中所采用的所有实测数据,我们都必须假设在实测过程中可能出现测量误差。在这一情境中,测量误差意味着理想数据和实测数据间存在差异。如果我们的数据显示某人拥有两名子女,而事实上他有三名子女,那么我们对于其子女数量的测量就出现了错误,误差为 1。这种基本差异通常被称为绝对误差。理解这种误差更有效的一种方法是,将其视为测量方法本身的一小部分——也就是相对误差。在上一个例子中,相对误差为 1/2。假如我们将实际为 3 的数据测量为 2,误差则为 1。假如我们在尝试测量整个国家的儿童数量时,出现了 1 的误差,这并不属于重大测量误差,相对误差也会远小于 1/2。

试想,权且假设,用于 CVA 分析的所有数据,如学生的前测成绩,其准确性只有 90%,相对误差为 1/10。基于我们在前述章节中对实际测量中错误规模的讨论,这一假设的数值是足够大的。这意味着什么呢? 就其本身而言,我们已经知道它的含义了——它意味着任何一名学生的分数都未必是完全准确的。因此,得分为 70 的学生与得分为 73 的学生实际相差可能没有那么大,我们不能将这两者明显区别对待。他们之间的差异比他们各自得分中必然存在的误差要小。从另一个角度来看,这也意味着我们可以对得分为 70 的学生和得分为 100 的学生进行明显的区别对待,因为他们之间的差异比他们各自得分中必然存在的误差要大。换句话说,数据集中的 70 分在现实中可能是在 63 分到 77 分之间波动(误差不超过 10%)。数据集中的 100 分在现实中则可能是在 90 分到 110 分之间波动。因为 90 分仍大于 77 分,因此我们有理由认为数据集中的 100 分在现实中也大于数据集中的 70 分。在教育与社会科学领域,出于常规描述目的的数据,10% 的相对误差是可以接受的。但是,当我们将诸如此类的数据用于学校效能的计算,比如用于 CVA 分析中时,又会怎么样呢?

在英格兰,DCSF 所使用的 CVA 模型涉及计算所有学生预测成绩和其实际成绩之间的分差(不管是正数还是负数)(DCSF, 2007, p. 7)。每名学生的预测成绩为与其有着相同前测成绩的学生的平均分(根据背景信息进行调整)。学生预测成绩与实际成绩之间的分差并不重要,因为如果大部分学生的预测成绩和实际成绩分差较大,则说明预测模型存在问题。这意味着,与用于计算的成绩数据相比,学生的增值分数通常是个很小的数字,甚至可能小到可以忽略。CVA 用实际成绩减去预测成绩,得到了一个小得多的数值,但是却将相对误差设置为最大(我们并不知道误差值为正数或负数)。

为了进一步说明这种错误蔓延的严重性,假设一名学生在 KS4 年级的实际成绩为 100,预测成绩为 99。两个分数相差不大,可见预测十分成功。但事实上,这名学生比预期多进步了一些。不管是实际成绩还是预测成绩,都假设它们的准确性为 90%(见上文)。鉴于前文中我们已经论证了在这一过程中产生错误的可能性非常高,且存在很多数据缺失的情况,相对误差为 10% 的这一估计也十分保守。根据所有独立或交互的 CVA 变量计算得出的预测分数,其现实中的误差比例可能要比 10% 大得多。但即使是 10% 的相对误差也意味着这个学生的实际得分可能是 90 到 110 分之间的任意分数,其预测得分也可能是 89.1 到 108.9 分之间的任意分数。也就是说,这个学生实际的残差分数(也就是他的 CVA 分数)可能是 +20.9(110 - 89.1)到 -18.9(90 - 108.9)之间的任意分数。因此,在实际成绩与预测成绩的差值为 +1 时,计算结果的最大相对误差为 3.98/1,即 398%,非常大。将两个近似的且初始误差在可接受范围内的数字相减,我们得到的是一个几乎可以确定错误的结果。事实上我们根本无法确认这个学生较之预期是进步了还是退步了。这种结果绝不能够用于任何实际目的。如果实际成绩和预测成绩中任意一者的初始相对误差大于 10(这在实际情况中极有可能发生),CVA 分析结果中的误差甚至会更大。

　　假如有学生的实际成绩和预测成绩相同(也就是说,当 CVA 模型预测准确时),该学生的残差分数为 0,那么在这一案例中,相对误差趋于无限。学生实际得分与预测得分的相差越大,学生残差分数的相对误差越小。但这也说明了,原本应当做出准确预测的 CVA 模型存在问题。假如预测成绩与实际成绩相差巨大,大到我们可以忽略其中的误差成分,这将对学校效能模型起到积极作用还是消极作用呢? 为了获得较小的误差,例如原始成绩中 10% 的相对误差,CVA 的预测成绩必须与学生的实际成绩相差甚远。例如,某位学生的预测成绩为 50 分,相对误差 10%,即预测成绩的范围是 45—55。而该名学生的实际成绩为 100,相对误差同样为 10%,即实际成绩的范围是 90—110。也就是说,这名学生的实际残差分数(他的 CVA 得分)应该在 +65(110 - 45)到 +35(90 - 55)之间。经过计算,当 CVA 得分为 +50 时,相对误差的最大值为 60%。所以,如我们所见,即使当 CVA 的预测成绩与学生的实际成绩相差甚远,初始误差为 10% 的数据在经过简单的计算后误差值也将上升到 60%。假如这个学校效能模型的计算结果中的确存在合理的案例,那么我们可以相信这名学生的表现非常好(或是他的前测成绩非常糟糕,也有可能两者兼有)。即使在相对误差达到最大的情况下这也是成立的。但是,在我们无法确定数据的准确性,只能确定学生的实际成绩与预测成绩的分差大到足以忽略任何误差的情况下,我们又该如何确定该学生的所有 CVA 分数(关于学生本身的、老师的、部门的、学校的或者地区的)误差都能大到允许我们忽略的程度呢?

无法用技术手段消除的误差

正如前文所述,分析中引入的真实数据难免存在测量误差,因此任何使用了这些数据的分析所得出的结果都将是不准确的。在当前研究阶段的诸多争论中,指出这一点是十分必要的。当然,测量越精确,我们的分析结果就越准确。然而,我们没有理由相信这些错误产生的原因都是测量误差(比如,某些错误可能是抽样不当导致的)。那些拒绝接受调查的,没有在学校注册的以及拒绝透露家庭收入和福利情况(为了调查学生有否享受免费校餐的资格)的学生,不能被视为学校内存在的某种随机群体。与迄今为止描述的错误生成过程中的每一个阶段一样,它们在性质、发生或来源上都不是随机的(Gorard, 2010a)。

不幸的是,学校效能研究领域普遍认为,数据中的错误从本质上来说是随机产生的,因此可以利用基于随机抽样理论的方法对其进行预估和加权,但这一假设其实并不成立。这是因为,即使被"正确地"应用在随机抽样上,这些技术手段本身也存在致命的缺陷(Gorard, 2010b)。经由抽样理论推导出的条件概率告诉我们,在条件以及假设十分精确的情况下,采用随机抽样方式得到的分析结果与我们的预期结果同样极端或是更极端的频率。分析人员可以通过显著性测验中的似真值(Plausible Values)来了解收集到极端或更极端数据的概率:假设他们收集的分数数据恰好为0(这样结果数据与0的差值就是随机抽样误差值)。当然,零—零假设(nil-null hypothesis)下数据的条件概率并不是分析人员所乐见的。在学校效能背景下(上文已作详细阐述),分析人员想要知道 CVA 分数(即残差,不管是个人还是学校的)是否足够大,从而允许他们忽略数据的相对误差。他们真正想知道的是,根据他们收集到的数据进行分析,零假设成立的概率有多大。只要研究人员掌握了零假设在任何情况下的深层概率和绝对概率,他们就可以利用贝叶斯定理(Bayes' Theorem),将零假设成立的概率换算为零假设成立前提下,他们推导出理想数据的概率。但他们并不能掌握后者,所以他们假设,零假设成立的概率和零假设成立前提下他们推导出理想数据的概率是相同或相近的。然后他们用显著性测验中的假定值"拒绝"了零假设,因为该假设中的假定值是确定的。这种否定后件式(modus tollens)的论证在论证可能性时并不成立。不成立的理由很多,包括Jeffery的所谓悖论:当收集到理想数据的概率较低时,零假设成立的概率可能较高,也可能较低,也可能居中,反之亦然。这取决于零假设的深层概率,而这也是我们无法确定的。

　　所以,即使是预设假定值也并不能帮助学校效能研究领域的大部分研究人员。同样的情况也发生在了标准差(standard errors)、置信区间(confidence intervals)及其变量的计算过程中。但实际情况可能比这更糟。因为在学校效能研究领域,这些基于抽样理论的统计技术方法并没有被合理运用。这些抽样技术通常被用来对NPD或PLASC之类的数据集进行抽样。在这种情况下,这些技巧毫无意义。我们无法根据这些数据估算样本差异(不管是针对国家、地区、教育局、学习、年份、班级还是社会群体)。数据集中还存在记录和数值缺失的情况,以及测量误差。但这些问题并不是由随机抽样引起的,所以,抽样理论也无法对这些情况进行预估、针对这些情况进行调整或是帮助我们确定这些问题与我们的清单数据有多大关系。

　　尽管如此,DCSF仍然使用了他们的置信区间,并试图用其母群的CVA数据为之进行辩护。请记住,置信区间就是对反复随机抽样结果的预测范围。它与PLASC和NPD之类的人口数据根本不相关。即使它是针对随机样本、出于和假定值相同的目的被计算出来,它对于分析人员来说也是毫无实际用处的。和假定值一样,计算任何类型人口数据的置信区间都毫无意义。因此,置信区间在标准的学校效能研究中并没有用处,即使有些所谓的"官方"仍执迷不悟地提倡在根据人口数据计算学校效能时使用置信区间(例如,Goldstein,2008)。

　　总的来说,学校效能的整个研究领域都简单地忽视了这些最基本的逻辑问题,而专注于发明越来越多的复杂模型,尽管能理解这些模型的人日益减少。这其中,最普遍最复杂且最不实用的技术可能就是多层次线性模型了。该技术的发明初衷是为了解决集中抽样样本中的个体相关性,但解决该问题的方法其实很多(Gorard,2009a)。就像基于抽样理论的其他技术一样,它在基于人口数据的学校效能分析中并不能起什么作用。我们的数据本身就是有问题的。该方法的拥护者现在声称这些复杂的模型别有用处——比如这些模型可以让分析者从不同等级(如个体、学校和地区)的数据中把变体分离出来。但就像解决集中抽样样本中的个体相关性一样,这种分离也可以通过其他更简单的方法实现。总之,这种技术仍毫无用处。此类模型中的大多数都不会使用行政区或是区域作为分级标准,而采用这一分级标准的模型在对比不同等级后并不会发现明显的差异(Smith & Street,2006；Tymms 等,2008)。这些复杂的模型并不能帮助我们进行分析,而对于那些最关心该如何提升教育有效性的人来说,这些模型也很难理解。

22

学校对成绩有影响的细微证据

假如前文所述的内容都是正确的,那么为什么这么多的分析人员、政策制定者、使用者以及实践者都似乎仍然相信学校效能这一概念能够给他们提供有效且实用的信息呢? 首先,这很有可能是因为他们中的很多人并没有真正地去思考这一过程,而是简单地被该概念表面上的科学性和技术性所迷惑,将其视为判断学校表现的准确途径。还有可能是因为这一判断方法所带来的经济效益。在英格兰,学校效能已经成了一个产业,为许多 DCSF 部门的公务员提供了工作岗位,还大大鼓励了那些被认为是 CVA 专家的学校老师。该产业还催生了一些提供数据分析服务的公司和咨询师,分析软件的编程者也因此收到了版税,研究该产业的学者也从纳税人处获得了经费支持。一个激进的观点是,英格兰的大多数人根本不懂 CVA 分析法,而那些在某种程度上从使用中获益的人占很大比例。

这个问题也有可能是因为我们只有学校效能模型这一种方法可以判断学校的表现,因此我们没有能力对其结果进行检验。在我们每日都对时间、长度、温度等客观因素进行测量时,由于测量对象具有某种可以掌握的特性,所以我们可以通过对比测量结果,大致掌握测量结果可能出现的合理范围(Gorard,2009b)。但这对于 CVA 来说并不适用。这些分数就像从一个冗长繁琐且准理性的计算中出现的魔术数字一样。CVA 的拥护者宣称这些数值代表了可靠且公正的学校绩效测量结果,但是除了他们口头宣称的可靠性之外,他们没有办法提供任何该计算可靠的证明。为了论证我们权且假设,CVA 并不适用于本章迄今所述的原因。那它能起到什么作用呢? 尽管数据充满了初始错误,且错误会在计算中蔓延,但这并不意味着所有学校的计算结果会完全相同,尤其是在考虑到前测成绩情景化的情况下。在学校效能研究者的眼中,预测成绩与实际成绩的差异越大,越能证明学校的效能是高还是低,但这也可能是计算出现错误的证据。在这种情况下,计算中出现的错误越严重,结果中体现的学校"效能"可能就越高。所以,即使我们试图通过改进方法来获得更高的学校效能,从而减小计算错误的影响,这也很难实现。因为不管残差是多少,我们都没办法确定它们代表的是计算错误还是学校效能。但有一点可以确定,随着数据准确性的提升和范围的扩大,计算结果所体现的学校效能将会降低(Tymms, 2003)。

　　如果 VA 计算结果完全错误,我们该如何进行判断呢? 如果是这种情况,我们可以预料到,同一学校不同关键学段间的 CVA 结果将变化巨大且相互矛盾。事实上,我们发现这一情况十分普遍(Hoyle & Robinson, 2003; Kelly & Monczunski, 2007; Tymms & Dean, 2004)。当然,在分析范围内的任何一组学校中,都会有一些学校的 CVA 结果在一段时间内是明显一致的,不管是上升还是下降。但这本身并不能代表什么。再假设,如果计算出的学校效能也是完全错误的,我们又该如何进行判断呢? 既然 CVA 是一个零和假设,那么每一年都会有大约一半学校的效能表现出上升趋势,而剩下一半则表现为下降趋势。如果 CVA 真的毫无意义,那么我们可能会发现有大约四分之一的学校其效能在某两年内呈现连续上升态势(还有四分之一呈现连续下降态势)。这与我们的调查结果也是一致的。事后分析告诉我们,我们不能利用一系列相近的数据来分析一致性,而不考虑如果在已知数据错误的情况下我们还期望得出的结果是什么样的。Thomas、Peng 和 Gray(2007)考察了 1993 到 2002 年间英格兰某地区 VA 值连续上升的学校。让他们感到困惑的是:从增加值的角度看,过去的十年间,在这 16 所学校里,只有一所学校在某些方面实现了连续四年增长(p. 261)。然而,16 所学校中只有一所学校连续四年分数上升恰恰能够证明这些数值没有任何用处(因为 2 的负四次方等于 1/16)。

　　一系列研究表明同一所学校二到五年内的 VA 数值之间只有大约 0.5 到 0.6 的相关系数(Leckie & Goldstein, 2009)。这是一个实用价值非常低的数值。两年之后的相关系数为 0.5,意味着在那些年份中 VA 值的差值只有 25% 是正常的。这真的有可能比我们期望的概率要大吗? 不管是什么机构或个人在为学校提供 VA 值的测量方案,其有效期都十分短暂。更有趣的是,这种波动变化在原始分数中并没有出现。任何一所学校每年的原始分数都十分接近,但是根据其计算出的 VA 分数却并不是这样。这究竟是因为 VA 值真的变化迅速且剧烈，还是只是再一次佐证这一中心观点——VA 值对于相关错误的不断扩大十分敏感，而原始分数并非如此？

CVA 模型里的系数在多层回归后恰好与事后分析结果一致，证明它们本身毫无意义。即使是一张由随机数字组成的表格，在经过回归后也能得出与 SE 模型一样具有一致性（且能够说服某些人）的结果（Gorard，2008a）。在变量、变量组合和变量分类都十分充分的情况下，即使数据毫无意义，也有可能得出完美的多重相关性（$R^2 = 1.00$）。在这一背景下，我们不难注意到 Glass（2004）的发现：位于县界上的学校在田纳西州增值评估体系（Tennessee Value Added Assessment System，简称 TVAAS）中被同时算在了该县界划分的两个县内，因此这些学校的 VA 测量值被重复计算了。这两个结果相差甚远——意味着它们可能都毫无意义。即使是学校效能的倡导者和开创者们也不得不承认，我们使用的数据和模型并不足以让我们在现实中把学校按照绩效区分开来。尤其是在考虑到预测的不确定性时，这种对比将变得更加不精确，以至于最多只有少数学校能够显著高于全国的平均水平，或是能与其他学校区分开（Leckie & Goldstein，2009，p. 16）。

CVA 的核心计算就是在学生实际成绩和预测成绩之间求残差。既然该计算是基于两大原始分数（每名学生的前测成绩和现有成绩），那 VA 值的计算结果与这两大原始分数的关系极为密切也就不足为奇了（Gorard，2006a，2008c）。这种关系如今已经常规性地被 CVA 分析中使用的背景数据掩盖住了，但它依然存在。事实上，前测成绩和现有成绩之间的关系，与前测成绩和 VA 值之间的关系同样密切。简单来说，由于计算过程与原始分数息息相关，所以 VA 值从一开始就是存在缺陷的。它和原始分数一样，都不是评价学校绩效的公平手段。

学校效能带来的损害

这些有什么关系吗？关系很大。常规而言，学校校长和老师的奖惩都是以这些无效证据为基础的。老师们在研究各部门发表的附加值之类的数据上花费了太多的时间，这分散了他们原本能用于关注特定地区或类型的学生的时间。学校效能数据还被用于决定资助分配情况以及学校是否能继续运营(Bald，2006；Mansell，2006)。在英格兰由教育标准局(the Office for Standards in Education，简称 OFSTED)负责的国家学校测评体系就是从 CVA 分析入手，CVA 分析的结果从一定程度上就已经预先决定了测评的结果(Gorard，2008c)。因此，学校正在向外部机构支付公共资金，以便对其有效性数据进行附加值分析和细分。家长和学生们也被鼓励使用学校效能数据(比如排位表)来评价自己的学校或是可能选择的有潜力学校。如果 CVA 的分析结果真的被证明有很大的虚假成分，就意味着有大量的时间和金钱打了水漂。更重要的是，这意味着学生的教育正在遭受不必要的损害。

然而，学校效能的危害性远不止于此。学校效能导致了对教育目的的狭隘理解。它在无意中鼓励人们重视评估和考试成绩，以及为了应试而教学的观点。因为随着时间的推移，我们会倾向于使用该评估体系，并使之获得特权。并且，为了提高考试成绩而出台的相应政策也会从另一方面导致学校的绩效降低，如学生退学或遭到排斥(Rumberger & Palardy，2005)。更糟糕的是，与对大众公开学校信息相比，CVA 模型以及其他相似模型的复杂性导致其并不能为多数人所理解，这些人也就失去了判断学校效能的权利。而这些人恰恰就是纳税人，是学校的工作人员或是学生的家长。即使是专家学者，也有很大一部分不能理解、也无法批判学校效能模型的运作(Normand，2008)。相关学术研究通常都是由同行评审的，而"质量"是由一个相对较小的团体来审核的。其次，学校效能还有可能导致政府意见垄断学校及公众对教育的讨论，即使大多数政策制定者和政府机构(如 OFSTED)以及公众不加考察地就接受了这些分析结果。

CVA 分析被广泛使用于排位表、官方 DCSF 效能数据库以及学校效能模型的制作中，同时也在无意中增加了评判学校在面对不同类型的学生时表现究竟如何的难度。起初，在构建免费(纳税人资助)、普遍和带有强制性的学校体系时，最主要的目的之一就是努力将学生家庭背景的影响降至最低。家庭背景不同、种族不同乃至第一语言不同的学生的成绩差异，使学校和社会能够了解教育平等目标的实现情况。CVA分析所做的，就是首先承认了这些差距的存在，接着通过把差异分解为 VA 预测系数的方式使其消失。追问 CVA 分析在评价学生家庭背景不同、种族不同或是语言不同的学校或是学校体系时是否有所区分，已经不再有任何意义了。当 DCSF 在 2007 年表示"CVA 不应该被用于给任何学生或是学生群体设置较低的成绩预期"时（p. 2粗体），他们看似已经意识到了这种危险。奇怪的是，这意味着，一所有很多贫困学生的学校预计会取得相对较低的成绩（这种预测是合理的），但同时，我们又决不能"期望"它会取得较低的成绩。

同时，我们必须提醒大家，VA、CVA 以及其他模型采用的全是零和计算方式。每个学生、老师、部门、学校乃至行政区的 CVA 计算都是互相关联的。因此，在所有非零的结果中，有大约一半的结果是正数，剩下一半则为负数。不管是有意还是无心，这都创造了一个明显基于竞争的体系。如果其他学校的效能都有所提升，那么即使某所学校的效能也提升了，其 CVA 结果仍有可能是负数，甚至有可能低于以前的 CVA 结果。即使整个系统的效能都有所提升，仍会有一半学校获得负的 CVA 值。或者，即使所有学校的效能都有所下降，仍会有一半学校获得正的 CVA 值（以此类推）。只提升效能是不够的。其他学校必须失败，一些学校才能获得正的 CVA 值。更准确地说，这让学校觉得，根本没有必要去提升教学质量，只要不跟别的学校做得一样差就行了。通过本章的分析我们可以发现，这种专门用于评价学校绩效的方式十分可笑。那么，为什么要设计这种评价体系，同时还要求英格兰的学校结成伙伴关系和联盟，并在KS3 的设置和 14—19 改革项目的实施中更加以合作呢？

更糟糕的是，在如美国等国家，这种失实数据以及配套的分析方式被用在了衡量所谓的个体教师的效能上。例如，早在 1996 年，以 Sanders 为代表的一些人（Sanders，2000；Sanders & Horn, 1998；Sanders & Rivers, 1996）就宣称可以通过学生的考试成绩来估测老师的效能。他们声称："我们的研究清楚显示，教师效能的差别是（原文如此）影响学生成绩提升的唯一且最大的因素。"（Sanders 2000，p. 334）他们创建的田纳西教育增值评估系统被描述为"一个能迅速且高效地评价教师对学生成绩提高速度的系统"（Sanders & Rivers, p. 1）。他们利用某种复杂的统计分析法，以学生的考试成绩为基础，通过纵向追踪，来估计老师对学生的影响。Barber 和 Mourscched（2007）称 Sanders 的研究"意义重大"，因其展现了好老师的重要性，以及低效能的老师会对学生的学习造成多大的负面影响。他们得出结论：教学质量在教育中是至关重要的。因此教师的准备是决定教育质量的关键因素。这一研究发现如今已被纳入一些重要的政策文件，这些政策文件的出台者包括欧洲委员会。

TVAAS使用了学生各个时段在各个课程领域得到的分数（通常是其三年分数的平均值）（Sanders & Horn，1998，p. 249）来计算其增加的分数，这也就被当作学生的进步。TVAAS的计算过程把这些分数出现的变化都归结为受到教师的影响，即使正如本章之前分析的那样，大部分的变化都可以直接归因于初始错误的蔓延。如前所述，在计算学校效能时，这些错误的范围都非常大。要么是对整个群体进行分析，要么就是将所有学科领域的研究目的等同，每所学校的分析都可能涉及上百甚至更多的案例。而另一方面，教师效能评价试图从某一特定科目和老师的角度测量学生的进步程度。每个案例最多涉及一个30人左右甚至更少的教育群体。由于涉及的人数较少，即使不考虑其他因素，这也会导致教师效能分数比所谓学校效应波动更大。

撇开初始错误对结果的影响，剩下的变化虽然可以归结为受到教师影响，但也可能是受外部因素影响，如不同家庭支持的持续影响、社会经济轨迹以及文化和种族相关因素影响，还包括学校层面的影响，如资源、课程、课程表以及领导力。除学校外，还有诸如行政区和区域政策等因素的影响。当然，并没有证据能证明这些因素对学生分数变化的影响大于教师的影响。但是这么多变量都可以用来解释学生分数的那一点点变化（一旦前测成绩被纳入考虑）。

总之，不管是在田纳西还是别的地方，总有一些教学区域并非照例进行法定测验（Sanders & Horn，1998）。英格兰有一个著名的统考项目，该项目要求年满7岁、11岁、14岁的学生参加法定测验，测验的科目主要是数学、科学和英语。这意味着有些老师无论如何都不会被纳入评价，因为他们的教学成果并不在法定测验的范围内（这其中最明显的可能是体育学科）。一个学生只接触一位老师，即使只考虑一门学科，这种情况也是十分罕见的。撇开别的因素，单是小组教学、教学助理、在线和虚拟课堂以及教师的更换和同学充当老师等情况，也足以让教师效能评价出现混乱。教师和他们的授课风格随着时间推移可能出现变化，也可能只对部分学生而非其他学生有效。他们的教学效能可能取决于具体的授课内容。

Sanders和Horn（1998，p. 254）声称"在教师教学效能相近的情况下，前测成绩相同的非裔美国学生和白人学生取得了相似的进步程度"。这意味着什么呢？教师效能是基于学生的进步来进行计算的，所以Sanders和Horn提出的这一声明是同义重复的。事实上他们关于教师重要性和影响的所有观点都是循环论证的。高效能的教师被定义为学生取得了较大进步的教师,这毋庸置疑。但是按照定义,能取得较大进步的学生,他们的老师必然是高效能的。事实上,即使采用了最复杂的(没有根据的且排斥的)统计方法,这一定义依然毫无意义。教师效能计算核心部分存在的重言式(tautalogy)使得这一方法失去了科学性。

因此,正如前文所述,整个学校效能计算模型都应该被取缔。它明显不会也不能按照预想进行合理计算,只会无缘无故地引起前文所述的所有损害和危险。然而,如今它仍以一种半巫毒科学(park,2000)的形态在被继续使用,而它的支持者更愿意宣传他们使用该方法解决的大多是随机事件,这样就更不难解释他们结果的不确定性和不可预知性了。但是学校效能计算模型仍在继续为它的最初目的服务。我们希望能够测量学校绩效,并且我们知道单纯的原始分数数据告诉我们的大多是学校的生源质量。但在我们意识到学校效能模型存在的缺陷后,我们不能因为想不出替代方法,就继续使用这一模型。关于可行替代法的例子,详见 Gorard(2010a)。

学生的前测成绩以及家庭背景完全可以解释学校成果的绝大部分差异。这一发现毋庸置疑,因为它在不同地区和时间条件下的范围和持续性足以让我们忽略计算中的错误成分(更多是因为错误不可能像在 CVA 分析里一样蔓延)。为什么政客没有清楚地意识到这一发现,并且将之宣传开呢?英国的政策制定者建立了一个公立学校系统,该系统并不健全,一般情况下以学生基数为基础公平(比起其他国家的资助政策要更公平,如美国)资助。至少对于年龄在5—14岁的学生来说,课程设置大致相同(全国统一课程),由国家认可的且取得了合格教师资格的老师教授,由教育标准办公室负责监督,并在 KS3 年级时接受统一考试。教育对每个人都具有强制性,且接受教育完全免费。由于将取得学历证书当作接受教育的最终目标,这看似与学生在哪所学校求学并无关系。而事实上,数十年的研究也确实证明了这一点。

学生和家长们认为学校确实对成绩有重大影响,他们真的是被误导了吗?也许是,又或者是在学生4岁甚至10岁需要择校的时候,家长乃至学生本人并没有考虑到学生在16岁时需要取得的学历证书。又或者,家长比政策制定者们更聪明,他们已经意识到了现有的任意一所学校的 VA 分数都是历史,只能告诉他们假如孩子五年前就去那所学校读书的话可能发生的情况。择校调查显示,家长真正关心的是学校的安全条件以及孩子在学校能够获得的幸福感(Gorard,1997)。假如有一名10岁的小学生,他所在的小学规模较小，且 10 岁是该校学生的最大年纪，那么当他升入一所更大、更遥远的中学，且学校学生的最大年龄为 19 岁时，安全通常是父母最关注的问题。这就是为什么就近入学可以被看作是一个理性的选择。另有一种可能是，父母非常明白，原始分数并不能代表学校的质量，只能代表该校招收的生源质量。

学习是校园生活的重要组成部分，对于非专业人士来说，使用原始分数来评价学校可能是一种合理的方式。就像学生在校车站的行为一样，原始分数被用来当做学校生源的首要象征。如果是这样，我们也许可以得出如下结论。政客们可以宣传这一事实：根据传统的学校成果，学生选择哪所学校并不会造成大的差别。这可能会减少专长、按天赋或成绩择校、基于信仰的学校以及国家学校系统中其他不必要的分列因素的吸引力。这可能会降低那些所谓好学校周围的房价，节省学生在上学路上花费的时间（既然近的学校和远处的学校没有区别）。这一切都可能与学校之间的社会经济隔离和教育隔离减弱有关。自 1997 年起，校际社会经济隔离（socioeconomi segregation，简称 SES）现象就成了英格兰一大愈演愈烈的问题（Gorard，2009c）。由成绩和学生家庭背景导致的隔离逐渐减弱，这不仅有利于学校，还有利于广大社会，还会形成一种良性循环，促使学校在生源上、结构上都真正地实现综合发展，从而使家长们不再忽视家附近的学校。

也许更重要的是，当政策制定者们了解了 CVA 模型的工作方式，并意识到他们不能再将其当作区别学校绩效的合理方式后，他们可能会开始更加普遍地质疑学校效能模型的主导地位。我们必须看到在受教育过程中学生政治兴趣和调研兴趣的重燃，而不是纸笔测试的结果。学校就是个小社会，学生在其中能学到交流的方式、对社会的期待以及判断公平的方式（Gorard & Smith，2008）。学校似乎对学生未来继续学习的欲望（Gorard 等，2007）以及职业抱负（Gorard & Rees，2002）有着重大影响。而这些影响在过去三十年内的学校效能研究中很大程度上被忽略了。现在是该找出一个新方法来研究学校效能的时候了。这就是我们在本书中想要解决的问题。

第二部分
教育公平

第三章　为什么学校很重要

引言

正如第二章一开始所概述的——国际比较研究的发展引发人们对分析不同学校体系中理想的属性产生了极大兴趣(MaGaw,2008)。发达国家设计学校体系一般遵从教育效能原则,目的是提高教育水平,在国际比较测试中取得更好的排名。教育水平的评判标准是公共考试取得的成绩。谁和谁一起上学很重要,因为人们通常认为学生成绩会受其同伴影响。选拔性学校(selective schools)将学习能力最强的和最弱的学生分开,这样每所学校可以为学生提供最符合他们不同水平的教学。将能力相似的学生安排在一起的初衷是提高学生的成绩,但上述原则会导致出现公开选拔的学校体系,比如德国或奥地利,其学生都是按照他们入学前成绩或者所谓的天资被分配到不同学校。这一做法就是让水平相似的学生会被分配到一起,接受符合他们水平的教育,不管是学术教育,还是技术或职业教育。另一种选拔通常以间接方式进行,即不是按照成绩,而是根据其他因素招收学生,比如宗教、经济状况、身体状况或者社区情况(在我们的新研究中,有几个国家的部分学校采取了这一选拔制度,见第六章)。

但是,同伴效应(peer effect)——学生成绩会受其同伴影响——这一假设一直未被证实。这一假设原则上存在重大疑虑(Gorard, 2006b; Nash, 2003),因为目前无论在哪个国家的教育体系中,同伴效应都无法充分解释不同学校之间的表现差异。学校之间的成绩水平存在差异(考试分数),主要是因为他们招收的学生素质迥异。如果将学生背景特征和前测成绩差异考虑进去,学校之间的成果差异不足 20%(见第二章)。

这种成果差异,也就是所谓的增值分数,按照设计初衷,最低50%应由其计划替代的原始分数决定。简单而言,增值分数是指两组原始分数之间的差,这也就是说这两组分数对分数差异的影响刚好各占一半(Gorard, 2008c)。然而,最近有研究发现,剩余20%的增值分数中,60%—90%仍然和学校整体的原始分数有关,这表明:原始分数高的学校,增值分数一般也高(Gorard, 2006a)。如果我们假设上述20%的剩余分数差异的40%与学校的原始分数无关,那么最大的学校效能值可能仅为8%。

而第二章详细解释了,由于存在初始数据错误和缺失,这8%的增值几乎完全是错误的。只有消除这部分误差,8%中剩下的数据才可以反映真正的学校效能。学生成绩中的这部分差异很有可能是由学校(和当地政府)造成的,但是各方评论员出于各自利益围绕着这部分差异的原因争得不可开交。某些分析人士认为领导力影响学校成果。有些人认为学校经费也是需要考虑的一个影响因素。还有人认为教学成果和教师素质也有关联。其他人士认为在学校层面分析会得出误导性结果,主体部门或者个体教师才是关键切入点(Sanders & Horn, 1998)。在校同伴效应,即学生的成绩受所在学校同学的影响,也有可能解释8%差异的一小部分。

因此,在教学层面实行"隔离制度",让学生与自己相似的同伴一起学习,从而取得更好的成绩,这一说法目前还无法证实(Luyten 等,2009)。事实上,入校时同伴的学习能力和学生自身的最终测验结果几乎没有关联(Gibbons & Telhaj, 2006)。即使同伴效应可能带来一点积极影响,也会被将低学业成就的学生分在一个群体中所产生的负面效应抵消,即最后是零和。有人认为从经济角度而言,隔离制度将弱势学生集中在一起,有利于有效、有针对性地投入资源,但这一说法也没有得到任何证实。"教育行动区计划"(Educational Action Zones),"城市卓越计划"(Excellence in Cities)(Kendall 等,2005)或者(城市)英格兰学院[(City) Academies in England](Gorard, 2005, 2009d)就是很好的例子。

全球不断有研究显示保证学校公平和教学质量两者之间没有冲突(McGaw, 2008)。诸如斯堪的纳维亚地区的一些国家,既有高度公平的学校系统,也有高质量的学校成绩。诸如意大利等国家,学校非常公平,但学校成绩很差。英国、法国和比利时学校成绩相对较理想,但是学校公平性较差。捷克不仅学校成绩相对较差,公平性也差。2003年国际学生评估项目(PISA)结果显示测验分数和分隔程度两者之间没有存在明显的关系(Gorard，2007a)。希腊和葡萄牙等国家学生在父母职业层面的分隔程度很高，并且学生测验成绩很低。希腊和葡萄牙学生数学似真值(plausible values)仅分别为441和446。似真值是指学生成绩的估计值，标准平均值为500。芬兰学生总体分隔程度低，数学似真值达543。比利时数学似真值为533，但学生根据阅读分数和父母职业而分隔的程度高；卢森堡尽管分隔程度总体水平低，但数学似真值才为494。以上可以得出一个清晰的结论：没有证据表明，推行隔离制度在教学成果方面会带来持续的好处。但是，分隔制度带来的部分缺陷与学生成绩并没有直接关联。本章接下来会阐述这一点。在这里，我们看看学校混合(school mix)的变化对学校为学生创造公正的环境的影响。

混合学校中的差异

讨论不同学校招收不同类别学生可能带来的损害或弊端之前，我们先明确在实践中出现的学生隔离的范围。这里的"隔离"是指不同背景特征的学生在学校的不平衡分布。隔离指数则用于衡量出身贫穷的学生或处于其他不利地位的学生在特殊学校的聚集程度(Gorard & Taylor，2002)。在之前一系列的出版物中，我们已经详细阐述了不同国家的小升中学生分配系统和各个学校通过这个系统招收的学生集合特征之间的关联(EGREES，2005)。其他条件相同的情况下，如果国家小升中学生分配系统禁止学校选拔性招生，那么在国家层面，学生分隔程度就更低(Gorard，2007b)。这一规律同样适用于地区和当地学生分配系统。以英国为例，允许文法学校自主选拔学生的地区，贫困学生的聚集程度高于采用非选拔制度的地区(Gorard 等，2003)。上述规律也适用于按种族、原国籍、第一语言、特殊学习障碍来选择性招生的特殊学校。学校类型的多样性与学校生源的高隔离程度有很强的关联性(Gorard 等，2003；West & Hind，2006)。

我们利用2000年欧盟15个国家的 PISA 数据绘制了表3.1。表3.1显示了在相对劣势的三种衡量标准下，学校招收的学生在三个方面的聚集程度。总体而言，采取选拔性学校制度的国家，不管选拔标准是学生学业水平、经济状况还是宗教信仰，学生根据阅读分数而分隔的程度最高。比如,奥地利采取了分流制度,其62%阅读水平差的学生必须更换学校,以实现这些学生在各个学校的均衡分配。而瑞典是实行学位分配的地方综合性制度,其中只有29%阅读水平差的学生需要更换学校,以保证阅读水平差的学生均衡分散在各个学校(Gorard & Smith,2004)。2000年和2003年PISA数据显示,无论在哪一个测试国,学生按能力/成绩的聚集程度和学生按社会和宗教的聚集程度都呈很大正相关性(皮尔逊积矩相关系数超过0.6)。举个例子,在阅读分数一栏,瑞典是15个国家中隔离指数最低的国家之一,父母职业一栏的隔离指数也很低。卢森堡在这两栏的隔离指数都很低,针对非本国的学生隔离指数也很低。奥地利

表3.1 阅读成绩、父母职业和家庭财富指数得分最低的
10%学生及出生在非居住国学生的隔离指数

国家	阅读分数	父母职业	原籍国
比利时	66	36	45
荷 兰	66	30	41
奥地利	62	36	49
德 国	61	36	41
希 腊	58	43	48
意大利	58	30	55
法 国	56	31	47
葡萄牙	48	40	35
英 国	43	31	46
卢森堡	41	24	24
西班牙	40	32	57
丹 麦	39	33	42
爱尔兰	39	29	45
瑞 典	29	27	40
芬 兰	27	36	55

注释:表格中的数值为在父母职业、阅读分数得分排名后10%的样本学生以及出生在非测国的学生的"Gorard隔离指数"。这一数值也指各国处于"弱势"的学生必须更换学校以实现在该国各个学校均衡分布所占的百分比(见Gorard,2009c)。

在所有层面(包括出生在非居住国层面)的隔离指数都很高。41 个国家的调查都显示,社会经济隔离衡量指标之间相关性更明显。社会经济隔离衡量指标包括父母学历资质、父母受教育水平、社会经济和文化地位、职业地位以及蓝/白领工人(Gorard,2007a)。整体而言,瑞典、芬兰和丹麦这些斯堪的纳维亚国家的大多数学生劣势衡量指标表现出的分隔程度较低,但是德国、希腊和比利时表现出的分隔程度非常高。2003 年 PISA 成绩显示,27 个欧洲国家中,在比利时、荷兰、葡萄牙和德国,母语学生和非母语学生的数学分数差距很大,而在爱尔兰和英国,母语学生和非母语之间的差距小很多。意料之中的是,国家和地区学校位置政策似乎的确影响了学校招生(Eurydice,2007a)。

　　总体而言,在实行分隔制度的国家,学生对学校的态度也相对不理想。2003 年PISA 评估结果"对学校的态度"一项中,比利时母语学生和非母语学生得分差距为－0.07,德国得分差距为－0.04,希腊得分差距为－0.08,荷兰得分差距为－0.07。但是在芬兰和爱尔兰两类学生对学校态度差别很小,"对学校的态度"一项得分差距均为－0.01,瑞典和英国的得分差距则偏高,分别为＋0.21 和＋0.18。"学校归属感"得分也呈现相似规律,但母语学生和非母语学生在这方面的得分差距相对较小:比利时两类学生得分差距为－0.25,荷兰为－0.05,瑞典＋0.26,英国＋0.08。出乎意料的是,奥地利以＋0.44 这一得分差距打破了这一格局,而芬兰则为 0 分。尽管出现个别特例,但是通过这两项 PISA 的研究,我们仍然有足够的证据证明,推行分立学校系统会恶化学生对学校的态度,降低他们对学校的归属感,对于他们的分数却并无明显提高的作用(见第二章)。荷兰母语学生和非母语学生在"对学校的态度"一次得分差距为－19.5。非荷兰母语的学生表示觉得非常孤独(这可能也是他们成绩不理想的部分原因)。在德国,两者之间的得分差距为－12,在分隔程度较低的芬兰和卢森堡,两者之间的差距值则分别为－0.3 和＋1.3。

　　我们之前做过一项调查,调查对象为 5 个欧盟国家的 6000 名学生,结果发现分隔程度越高的国家,更高比例受访学生反映某一类或多类的学生受到更多偏爱(Smith & Gorard,2006)。受访学生通常认为女学生、更聪明的学生或者那些家境优越的学生更容易得到更多优待。他们通常反映希望可以在一个平等的体系中学习,每个学生都能被同等对待。在比利时、西班牙、法国和意大利,有相当一部分的学生认为能力最弱的学生在课堂上应该得到更多的支持和关注。那些分数较低的学生尤其赞同这一观点。在英国,绝大多数学生都认为所有学生应该得到同样的关注。五个国家中,能力强的学生应该得到更多的关注这一观点几乎都没有得到支持(表3.2)。

表3.2 各国学生同意关于平等待遇的说法的百分比

在中等学校要想实现公正待遇,教师必须……	比利时	西班牙	法国	意大利	英国
给予所有学生同等关注	54	65	59	53	81
给予能力最强的学生更多的关注	2	4	3	1	6
给予能力最弱的学生更多的关注	44	31	38	46	13
总比例	100	100	100	100	100

表3.3展示了6000名受访学生对其国家教育系统公平程度的看法。几乎所有国家的所有类别的学生群体都反映其学校基本上保证了所有学生能享受到同等质量的教育(所有受访者中,约有75%的学生赞同这一点)。当然也有一些学生,尤其是法国和西班牙的学生认为他们的学校为能力最强的学生提供了更好的教育。几乎没有学生表示自身所在的学校为能力最弱的学生提供了更好的教育。结果显示,所有的教育系统都没有实现教育公平这条明确要求。除了英国,所有国家中希望自身所在学校更多地关注能力稍弱群体的学生比例(约40%)和已经享受到这一待遇的学生比例之间存在很大的差距。比如,在意大利,46%的学生认为中学应该给予能力最弱的学生更多关注,但是只有10%的学生反映他们的学校做到了这一点。然而法国只有大概3%的学生反映希望教育体系给予能力最强的学生更多的关注,大约20%的学生反映自己所在的学校的确给予能力最强的学生更多的关注。在英国,大多数学生希望学校对所有学生可以一视同仁,他们中大部分反映自己所在的学校做到了这一点。在法国、西班牙、比利时和意大利,更多学生希望学校可以给予能力最弱的学生更多的关注,但是所有国家的学生都反映自己所在的学校给予能力最强的学生更多的关注。

表 3.3　各国学生同意关于其国家教育的说法的百分比

调查国的学校	比利时	西班牙	法国	意大利	英国
为能力最强的学生提供最好的教育	17	20	20	15	17
为所有学生提供同等质量的教育	79	76	73	76	77
为能力最弱的学生提供最好的教育	4	4	7	10	6

注释：此表格展示了不同国家学生分别最认同上述三种说法的百分比。
来源：Smith & Gorard(2006)

　　表 3.4 列举的是 6000 名受访学生回答的关于在校待遇的几个调查问题。总体而言，在教育体系分隔程度更高的国家，更多学生反映学校偏爱某个或某些学生群体。

表 3.4　学生对不同类别学生待遇的观点

在我的学校	比利时	西班牙	法国	意大利	英国
老师对来自〈调查国〉的学生比来自国外的学生好	14	11	19	6	8
老师对能力最强的学生最好	42	49	56	34	38
老师对努力学习的学生最好	70	78	76	53	62

注释：此表格展示了不同国家学生分别最认同上述三种说法的百分比。
来源：Smith 和 Gorard(2006)

　　假如学生在校待遇果真如此，假如在分隔程度更高的国家，学生遭受更多不公平对待，那这对他们的志向、社会参与及未来成为公民会有什么影响？这些问题将在下面的章节中加以讨论。

志向和混合学校

　　国家教育的结构及学生的分类或混合对学生的志向会产生影响吗？在之前的研究中，我们发现学生毕业后追求专业职业的志向和学生的成绩都在很大程度上受到学生家庭背景因素的影响（见第二章）。我们通过研究英格兰的大量数据绘制出表格 3.5，发现表格中的数据呈逻辑回归，得出 56% 的学生毕业后希望找一份专业职业的结论。这份数据与我们在第七至十章使用的数据不一样,七至十章数据是本书中最重要的一部分,而这份数据覆盖范围较小,只有英格兰的学生,主要目的也不是用来确认学生的正义感。我们试图借助这一逻辑回归模型,通过一系列可能的自变量,预测哪一类型的学生会实现某个特定的教育成绩(比如希望从事专业职业)。进入第一阶段"学生背景"变量,比如性别和父母职业,可以解释 21% 的反馈差异。进入第二阶段"学校"变量,比如学校类型和招生性质,可以进一步解释 6% 的反馈差异。我们发现学生的个人在校经历对学生职业志向的影响和学生背景对学生职业志向产生的影响程度相同。在每一阶段,新变量只能在之前剩余差异结果的基础上进一步解释。

正如我们所料,父母从事专业职业的学生通常更渴望自己也能从事专业职业。而通常追求专业职业意愿更低的学生包括男学生、家庭贫困的学生、第一语言为英语的学生以及前测成绩不高的学生。如果把分层招生考虑进去的话,学校整体学生变量仍然可以解释部分明显的因变量(表 3.5 中解释比例为 6%)。因此,学校里父母从事专业职业的孩子比例越高,这个学校就会有更多的学生有意愿追求专业职业,无论他们自己的父母是否从事专业职业。反之,贫困学生比例高的学校,该校学生的职业志向通常更低。混合学校似乎为学生的未来提供了更多的可能性。这一结论也得到其他研究结果的支持。这些研究发现父母职业和同伴效应对学生在法定离校年龄之后是否继续接受教育有决定性影响(Thomas & Webber,2009)。我们会在第十章通过更大的国际数据库进一步证实这一结论。

表 3.5　11 年级学生毕业或者接受培训后的职业志向预测模型准确性(N=2700)

阶段	解释的差异百分比	累计解释的差异百分比
学生背景	21	21
学校特征	6	27
学生个人经历	22	49

注释:在此表格及下文的表格中,表格数据指各组变量可以解释的学生反馈中的差异比例。比如,学生在校经历可以解释的学生反馈中的差异比例占 22%,学生背景可以解释的差异比例占 21% 以上,学校特征可以解释的差异比例占 6%。

来源:Gorard 等(2009a)

　　课程结构对学生在法定离校年龄之后是否有意继续接受教育也可能存在一定影响。我们研究发现接受大量职业课程的学生期望自己能够达到职业要求和从事技术工作。有些学生则希望可以跟着家人或者成年朋友工作（Gorard 等，2009a）。但是，从平等角度而言，学生缺乏职业抱负可能也是机会不平等所导致的理想匮乏。我们难以判断这一观点是否正确。某些学校已经通过在传统通识课程中引入职业课程，来保证边缘学生能够同时接受教育和职业培训。但是，结果并不尽如人意。在澳大利亚，受访者反映此类课程质量低下，而且只在落后地区为工人阶层学生开设（Polesel，2008）。引入职业课程的初衷是为了平衡通识和职业教育，而结果却导致学校招生和成果按社会阶层和学生能力分层的现象更加严重。

　　成绩最差的学生有时候也抱有最高的学业及职业志向，但他们对实现这些抱负的期待值可能也是最低的（Strand & Winston 2008）。但是，由于前测成绩较低而受到选课限制的 14 岁学生追求专业职业的意愿普遍较低（Gorard 等，2009a）。这导致一种基于教育的歧视，但却经常被人们忽视（Tannock，2008）。在大多数发达国家，尤其是在欧盟，根据年龄、性别、社会阶级、种族等其他因素选拔雇员是违法的。然而，尽管大家知道正是由于这些"非法"变量导致学生的学术成绩出现隔离现象，但我们却仍然根据学术成绩选拔学生（Gorard 等，2007）。在很多层面，这种做法都毫无道理（Walford，2004）。

　　当然，这些问题并非仅仅通过改变学校结构和课程设置就可以解决。我们在下一章节中将会就此进一步讨论。学生志向的降低的一个主要原因可能是老师对待他们的方式：

　　　　我去一所农业大学参加面试，坐下来时……我把面试表格给院长…结果院长直接转身，说这些都没什么用，我没上过大学，我在生活中也不会有什么成就，我最好还是别抱什么梦想，我肯定也是没什么出息，基本上和社会脱轨。这番话非常打击我，让我很沮丧。（学生，参见 Gorard 等，2009a）

　　　　每一门课程"你都不及格"。每次老师给你布置作业时，他都会说："在某截止日期前交给我，你交完了作业，我可以看看有没有什么好笑的地方，哈哈。"你自己尽了最大的努力完成作业，肯定不愿意听见老师说这番话。你肯定希望老师可以好好改自己的作业，不要动不动就批评自己，告诉你这门课你肯定会挂掉。（学生，参见 Gorard 等，2009a）

教育参与和混合学校

学生在达到所在国家规定的法定离校年龄之后继续接受的教育模式与学生的职业志向之间存在很大的关联。与成绩及志向一样，后义务教育（post-compulsory education）也受社会经济根源的影响（Gorard & See, 2009）。此前的研究发现，14 岁及以上学生的教育接受程度受学生背景和与之相关的一切因素的影响越来越大。比如，前测成绩平均越高的学生，教育接受程度越高（Gorard 等，2007）。这种现象可能会持续一辈子，比如英格兰将近三分之一的成年人完成义务教育之后，从未参与过任何形式的正规教育或者培训，也从未有过任何需要非正式学习的消遣活动或爱好（Macleod & Lambe, 2008；Selwyn 等，2006）。越来越多的证据表明尽管存在学生分层，即非受教育者一般学历都比较低，来自教育水平或职业地位不高的家庭，学校对这种后义务教育分流现象还是起到了强化或弱化的作用。

我们从与上一小节相同的基于英格兰的研究中发现英国 11 年级的学生中，55％表示在 16 岁以后会继续接受教育。英格兰教育标准局（OFSTED）2007 年的一项研究得出相似的结论：6—10 年级的学生中有 50％有意愿在义务教育结束之后接受高等教育。这一比例其实很低。这些数据公布后，英国政府推出一系列计划，要求英国所有年轻人必须接受教育或者培训，并且持续到 17 岁。表格 3.6 和表格 3.5 类似，但是此表格所绘制的逻辑回归模型是用来计算全英国在法定离校年龄 16 岁之后有意愿继续接受教育的学生比例。研究发现，来自专业职业家庭的学生，无需申请免费校餐项目的学生和女孩获得更多继续接受教育的鼓励，他们也更愿意在 16 岁之后继续接受教育。如果把上述学生的背景考虑在内的话，独立学校（independent schools）更多地鼓励学生在法定离校年龄 16 岁之后继续接受教育，学生也更愿意继续接受教育，独立招生学校的学生其次，最后是当地综合性学校的学生。但是，不同类型的学校除了招生手段以外,鼓励学生继续接受教育的方式基本大同小异。尽管招生手段对学生是否继续接受教育影响不大,但是和上文提及的学生志向一样,招生也存在学生混合招生效应。

学生是否有兴趣继续求学主要取决于自身目前接受教育的经历,特别是教师鼓励学生自主思考,提供优质引导的影响尤其重要。学生是否感觉得到鼓励并且愿意在16岁以后继续学习不仅与对未来引导的质量和自主设定学习任务有关,而且与教师鼓励学生自主思考也有关。当然他们的一些其他经历,比如和其他学习项目的学生接触、在大学(上学)或者工作中的学习经历,也会影响他们在下一个关键时刻是否决定继续接受教育。有时当学生在学校被视为"失败者"时,如果我们用另一种方式,把他们看作成年人,可能会产生不同的效果。

表3.6 11年级学生继续接受教育的预测模型准确性(N＝2700)

阶段	解释的差异百分比	累积解释的差异百分比
学生背景	30	30
学校特征	4	34
学生个人经历	20	54

来源:Gorard 等(2009a)

某成年人在采访中说道:

> 我们发现这些学生在[某项目]中表现非常不同,这让我非常吃惊。我听说,有一个来自[某学校]的女学生,从各方面讲,在[项目名称]表现都非常棒,简直就是大转变。她高度自律,按要求完成每一件事。当我问她原因时,她说是因为我们和她的交流方式和学校老师不一样。她觉得有时候学校老师和她说话时,根本不尊重她。(某雇主,Gorard 等,2009a)

我们采访的学生强烈表示,如果他们感觉学校把他们当作小大人看待的话,他们就会有不同的表现。但是很明显,地方政府控制下的学校很少出现这种情况。某综合学校的一位学生说道:

44

有些老师根本不尊重你，他们就想着你为什么惹出这么多麻烦事……老师说希望我们尊重他们，但他们通常不会向我们表示尊重。他们认为自己是老师，永远都是对的，而我们是小孩，不知道自己在做什么。（学生，Gorard 等，2009a）

那些在义务教育阶段接触过大学课程学习或者有过工作经验的学生比那些只接受过在校教育的学生，更愿意继续接受后义务教育。这可能是学生选择参加（或被选择参加）校外学习的一个结果，而这个结果与校外学习本身的作用同样重要。但是，这也可能是在不同环境中受到成年人不同对待的结果。（通过一些垂直项目和活动，或是因为学校很小）他们与参加其他课程或项目的同学之间有交流，这可能也是混合效应的一个重要解释性变量。这些学生更有意愿继续接受教育，其中一个原因是他们认识到多种可能性的存在。

若真如此，则又一次证实了不同类型的学生应混合分布在校内及校际之间。但是，这些结果只是与学生继续接受教育的意愿有关。我们所做的其他研究表明，虽然学生在学校的待遇可能会影响他们是否继续接受教育的意愿（通过后验得出），但是最终的决定更受同学、学校结构和组织的影响。举个例子，在整体平均成绩偏低的学校里，学业成绩较高的学生的成绩还不如整体水平偏高的学校里那些成绩相对较差的学生，但他们也更有意愿在 16 岁后继续上学（也许有大鱼效应）（Lumby 等，2004）。与学生年龄为 11—18 岁的学校相比，在学生年龄为 11—16 岁的学校里，学生 16 岁以后想继续（去其他学校）上学的意愿较低。这可能是因为在前者学校，更多的学生必须要做出一个明确的决定（Lumby 等，2006）。所以，学校结构、学校招生情况、学生的在校待遇共同影响学生的未来。

讨论

我们之前的研究表明，一旦学生个人背景相关变量的确影响学生本人成绩，学校整体学生背景变量对该学生成绩差异也会产生影响，虽然影响较小，但是也不可忽视，并且与学生个人背景变量对其成绩的影响方向一致。举个例子，学校拥有职业和管理背景的家长比例越高,该校学生追求专业职业的志向就越高。不管学生本人的父母从事什么职业,每个学生都会受到这种影响。

这可能就证明了学校混合效应的存在。不管因果模式如何,父母职业及其相关因素是一个决定性因素,该因素会影响学生的学业成就、后义务教育参与情况、学习乐趣与公民准备。父母职业不仅仅只影响其子女教育,还影响公共服务的方方面面。与实行分离制度的学校相比,学生家长职业混合的学校和学校制度,学生整体的表现丝毫不差,而且学生的教育和职业志向显然更高。如果学校成绩差或志向不高的学生比例较高,同伴群体互动实际上可能会加剧学生的反学校和反社会行为(Kelly, 2009)。

因此,混合学校非常重要。这种体系能够帮助学生培养平等意识,同时让他们意识到未来充满着很多机会(Halstead & Taylor, 2000)。主流学校对存在学习障碍的学生实现志向普遍具有积极的作用(Casey 等,2006),并且对他们的终生志向都有决定性意义(Gorard & Rees, 2002)。学生混合型学校影响学生态度、学生成绩及混居模式(Burgess 等,2005)。成绩低于平均水平的学生,在选拔性学校就读似乎对他们的学业自我概念(academic self-concept)具有消极影响,而且这种影响持续很久(Marsh 等,2007)。对大多数学生来说,很早就接受分流教育不利于他们终身志向的形成(Casey 等,2006;Gorard & Rees, 2002)。全纳学校通常更加包容(Slee, 2001),能够包容不同种族、宗教和社会团体,同时其学生公民意识也更高(Schagen, 2002)。

在分隔式教学环境下成长的学生接受的教育通常表现为教学质量较差、本地服务较少、教材不符合标准以及教师能力较差,教室甚至都更加破损。相比于其他学生,这些学生的犯罪率更高,也更加贫穷。因此,他们以后可能无法更好地应对继续教育的学业挑战。他们也可能没有作好准备面对社会多样性,感觉自己无法融入多元化社会,而这会抑制他们的表现,部分原因可以归咎于社会和种族的隔离,而社会和种族隔离反过来则会导致贫穷及相关问题的出现,比如健康问题和犯罪问题((Massey & Fischer, 2006)。校际之间在种族等其他层面的分隔程度会影响学生的种族态度,日后取得的社会和经济成就以及社会居住隔离的模式(Clotfelter, 2001)。对于不懂居住国语言的学生而言,学习成功最重要的一个途径是多接触母语人士(Lee & Madyun,2008)。

越来越多的世俗学校(secular schools)被改造成以信仰为基础的学校(faith-based

46

schools），比如英格兰出现越来越多的穆斯林学校和神创论学院，这会导致学校成为加剧社会隔离的催化剂（Grayling，2005；Smith，2003），教师甚至不愿意和他们的（被隔离的）学生讨论宗派（Mansell，2005）。因此，在分离的社会，推行公民教育实际上会带来诸如少数派群体的"贫民窟化"（ghettoisation）等消极结果，最后可能会导致更大的社会动荡。中欧有些国家就已经出现这类现象（Print & Coleman 2003）。教育机构之间的差异（Institutional differentiation）会加大社会经济隔离［socioeconomic segregation（SES）］对学生成绩造成的影响。不管哪个国家，不同类型学校和学习项目的数量与社会经济地位对学生表现的明显影响存在相关性，同时也与教师对最需要帮助的学生的支持程度较低具有相关性。因此，与选拔性或分流式学校相比，混合学校体系似乎能够创造理想的结果——学生的成绩较少受他们的社会和文化背景的影响（Dupriez & Dumay，2006；Schutz 等，2008）。尽管设计大多数平等学校体系的国家结构平等，收入公平，但是这些国家设计平等的学校体系，目的是尽量推迟学生因成绩被隔离这一问题的出现（Boudon，1973）。在这样的系统下，学校有充足的时间来抵消学生家庭资源之间的差异。

发达国家推行义务教育的目的之一是努力帮助学生弥补早期劣势。但是教育质量和教育公平是可以并存的。在国际测试中成绩最理想的国家往往社会梯度（social gradient）最不明显，只有极小一部分测试差异由社会经济变量造成，并且这些国家的校际社会经济分隔程度也最低（Haahr 等，2005；Marks 等，2006）。这一发现反过来说明，政策制定者有机会在组织并试图改善学校体系时修改传统和长期坚持的原则。在下一章讨论学生在校待遇对其影响时，我们还会再讨论这一点。

第四章　为什么教师很重要

引言

　　在第三章，我们谈到了学校招生情况和学校结构对学生愿望和未来教育参与度的可能影响。继这个问题之后，本章将重点讨论学生在校内的社交互动情况。在学生与老师和其他同学的互动过程中，公平问题就产生了。我们主要通过考量学生的学习乐趣、行为习惯，以及他们为成为积极公民所作的准备来评价他们的学校经历。与第三章相同，本章也将提供一些现有证据，它们来源于已有文献或是我们以往研究所得的海量数据集。当然，第三章讨论到的学校结构和招生情况也许和本章所讨论的学生在这些学校的经历也有所关联。因此，本章提出的证据与上一章在内容上相仿，但强调的重点却有很大的不同。

学校经历

　　如第三章所述，我们之前所做的研究表明：大部分即将完成义务教育的学生都不喜欢他们所接受的教育（表 4.1），绝大部分学生反映他们的课程过于无趣。

表 4.1　11 年级学生中同意关于乐趣的说法的百分比（N＝2700）

大多数课程是有趣的	38
我喜欢学校/学院	44

来源：Gorard 等（2009a）

英格兰的学校调查也得到了类似的结论,OFSTED 的调查结果显示英国的教学常常是无聊乏味的(Marley, 2009)。OFSTED(2007)还发现,30％的学生在接受调查的前四周内遭受了校园霸凌,5％的学生长期遭受校园霸凌。然而,在那项调查中,对于如何改进学校,学生们提出的最普遍的建议(79％)却只是让课程变得更加有趣。

对于"课程是否有趣"这一问题的所有反馈差异,学校生源情况或其他任何学校层面的因素都不能做出解释(不同于第三章最后一部分中的模型)。一些标准社会学变量,包括社会阶层、性别、种族等,并没有影响到关于兴趣和乐趣的调查结果。学生在学校的个人经历才是我们理解受教育兴趣和乐趣的关键(表 4.2)。

表 4.2　回应"大多数课程是有趣的"说法的预测模型准确性(N＝2700)

阶段	解释的差异百分比	累计解释的差异百分比
学生背景	4	4
学校特征	0	4
学生个人经历	38	42

注释:在本表以及下文的其他表格中,各组变量是关于学生的反馈差异的解释变量,表中数据表示各变量所占百分比。如本表所示,学生在学校的个人经历这一解释变量所占比例为 38％,学生背景占 4％。而学校特征对解释准确性不产生任何影响。
来源:Gorard 等(2009a)

我们或许可以预见,当学生可以自己选择学习科目(相对不受课程设置和时间表的约束)、能获取相关信息并得到适当的指导、实行小班教学或老师有足够的专业知识时,他们会认为课程更有趣。学习者通常希望授课方式多样化,比如进行讨论、实地考察、与做其他项目的学生接触以及参与社会实践等。最重要的是,他们希望感受到自己对学习有主导能力,包括能掌控自己的学习进度和对证据或信息来源作出决定的方法等。以上所有这些因素解释了"学校课程是有趣的"这一说法中 40％的反馈差异。对于"学校的乐趣"这个问题,情况非常相似,它主要涉及个体在学校的问题,比如适当的自主权和多样性。当然,学校的乐趣不止包含了课程的问题。学生经常提及学校的社交方面,比如他们会把交朋友作为去上学的原因。但情境反馈体现了学生对学习活动中的创新性、准备性和多样性的赞赏。比如:

　　有一次,我们在英语课上,做一首诗的诗歌鉴赏。我们要呈现一个画面,来表现这首诗。我们打扮自己,然后用一个定格的画面来表现这整首诗的意境。我觉得这非常好,通过这种方式我们能理解人们的感受,就像他们在那首诗里可能会如何感觉、如何表现的那样。(学生,Gorard 等,2009a)

学生普遍感受到被动的教学方式会降低学习的乐趣,这包括长时间听一个老师讲课、长时间抄写、做笔记或坐着不动。很多学生不喜欢传统的课堂:

　　他就站在黑板或白板前⋯⋯就只是在上面写字⋯⋯(学生,Gorard 等,2009a)

学生普遍能感受到主动学习和拥有乐趣、被动学习和缺乏乐趣之间的联系。但令人惊讶的是,11 年级学生的课堂上仍然充斥着填鸭式教学法。许多人都对教学感到不满,他们的感受包括学生不能得到帮助:

　　[老师]给你一张考卷,你只需完成上面的每一道题目。除非你说了你想让老师教你怎么做,否则,你知道的,你可能得不到任何帮助。(学生,Gorard 等,2009a)

被要求参加无意义的活动:

　　给我们一张纸,然后让我们只是听讲和做笔记。一小时或两小时的课结束的时候,这张纸就不见了,再也找不到了。这样并不能让我们真正学到知识。(学生,Gorard 等,2009a)

51

因为重复和无聊而感到疏离:

　　我认为学校里很多老师都不明白孩子们的学习方法因人而异这回事。(学

生,Gorard 等,2009a)

你走进课堂从来不会有惊喜。(学生,Gorard 等,2009a)

像下面这样能在课堂里进行讨论更能调动学生的积极性:

如,有时,老师会认为你安静地坐在教室里,只是听他们讲课就很好了……但我认为学生之间能够讨论才是很好的,而且讨论的内容不一定要与这个科目密切相关。但在一节一小时的课堂上,你只是安静地坐着,看着写字板,这真的会让你头疼。(学生,Gorard 等,2009a)

或者如果能用比较新颖的方法就更好了,例如同学互教:

有时,老师让我们做展示,如让我们来当老师,这同样可以帮助我们学习……如果只是让我们坐在教室里听一位老师讲,我们头脑的开关就关上了,这样是非常无趣的……所以她让我们主动去教别人,这样会让我们自己也很好地学习了课本。(学生,Gorard 等,2009a)

或角色扮演:

我们要学习电子,老师就让我们站成一个圆圈,每个人手里都抓着绳子,然后我们就开始转圈,所以我们就像电子一样只能向一个方向运动。如果一个人要是摔倒了,其他人可能就会推搡到他后面那个人。(学生,Gorard 等,2009a)

总之,参与这项调查的学生对于他们所在学校的教学经历都持比较负面的观点。在下一部分,我们将讨论学校在帮助学生将来成为积极公民中的作用,以及这种作用与上述教学经历之间的联系。

为公民身份所作的准备

　　从 1996 年开始,欧洲委员会就对各国家内部的不包容性表示担忧。这种不包容性是指人们对于他们眼中与自己不同的社会要素,如新移民和当地少数民族,缺乏包容性。欧洲委员会的担忧在一定程度上推动了英国克里克委员会(the Crick committee in the United Kingdom)的成立,而这个委员会又促进了英格兰公民必修国家课程(the compulsory National Curriculum for citizenship in England)的制定(Davies 等,2005)。政府认为公民教育是改进社会问题的一种方法,因为公民教育的重要内涵就是要让学生认识到一个公平、民主的社会是由什么要素构成的。公民和民主的教学需要消除人们对公共生活的冷漠、无知和悲观,而这正是如今已十分令人忧心的现象(QCA,1998,p. 8)。公民教学模式的基础就是要有一套基于公正、权利和责任等基本概念的课程,它的目标是要建立学生的自信心,鼓励他们无论是在课堂内外、是面对权威还是面对同学,他们的行为都要负起社交和道德上的责任(DFES,2002,p. 20)。实现这样的目标以后,公民教育就能让当地和全国的政治文化发生一些改变(QCA,1998,p. 7)。当然,公民是一个有争议的概念。一些如 OECD 这样有影响力的机构就提出了关于合格公民的一个非常宽泛而又强调个人的概念,认为只有通过终身学习才能成为合格公民(Walker,2009,p. 348)。

　　鼓励学生建立起他们自己关于公正的概念,是很贴近在学生中建立民主公民模式的核心的。而且,在培养学生认知一个公正、公平社会的组成要素过程中,学校经历也许会产生最根本的影响(Davies & Evans,2002;Howard & Gill,2000;Wilson,1959)。

　　Gorard 等学者(2009a)的调查结果显示,11 年级学生中只有少数人参与过或想参与能培养积极公民的活动(表 4.3)。与 OFSTED(2007)公布的 6 至 10 年级的学生参与校园选举的统计数据相比,这里统计的 11 年级学生的参与度更低——前者在一学年当中有 43% 的人参与了投票。而参与慈善援助的数据比 OFSTED 调查的数据还要低很多。OFSTED 的数据显示,每学年有 65% 的学生参与支持慈善募捐的活动。这些差异一部分在于年龄,一部分在于 OFSTED 的许多调查对象所在的小学可能在组织全体学生参与慈善募捐活动方面更加积极。但最主要的差异在于 OFSTED 着重调查学校内的情况,而我们则有意将其中两个问题的重点放在校外的(自愿)活动。

表 4.3　11 年级学生中同意关于公民的说法的百分比(N＝2700)

自愿支援慈善事业或地方组织	25
在校园选举中投票	38
将会在本周的选举中参与投票	44

来源:Gorard 等(2009a)

参与校园选举投票是公民参与的一种形式,它可能的"决定性因素"在一定程度上包括学生和学校特征(表 4.4)。其他公民活动的模式也是相似的。如果一名学生的父母双方或一方从事专业职业,那么该学生就会更倾向于参与校园选举投票或参加其他所有形式的公民活动(见 Povterson,2009)。更有趣的也许是,这一数据与学生的其他背景变量,如贫穷、种族、语言和移民等都没有关系,而只与父母的职业相关。在教职人员更注重激励学生树立远大志向的学校,学生更倾向于参加公民活动。学生的个人经历与投票和慈善行为成正相关,这种相关性与学校乐趣和其他一些因素的关系十分相似,这些因素包括学习的自主性,老师给予个人的关注,与其他项目的学生接触或工作实践。

表 4.4　"在校园选举中投票"模式的准确性(N＝2700)

阶段	解释的差异百分比	累计解释的差异百分比
学生背景变量	12	12
学校层面的变量	8	20
个人经历	27	47

来源:Gorard 等(2009a)

更大一部分学生认为,他们已经做好了参加工作的准备,并能够解决他们在将来的生活中会遇到的问题(表 4.5)。但如果学生个人所体验的教育质量不同,那他们在"作好准备"这个问题上就有明显的差异。如果没有这种差异,有人或许会认为高水准的准备是学生自己的"逞能"(见下文)。

关于学生"对未来生活已作好准备"这个问题,几乎没有一个差异与他们的背景或学校层面的因素相关(表 4.6)。类似地,对于为管理健康、人际关系和金钱作准备问题的反馈差异,也与学生的背景和学校层面的因素没有多大关系。大致说来,不管学生在哪所教育机构上学,学习哪些课程,都有相同比例的人认为自己已经准备好去处理自己的工作、管理自己的财务和健康。尽管如此,基于个人受教育经历,本文的解释模型很好地解释了近50%的差异。

表4.5　11年级学生中同意关于他们未来的说法的百分比(N＝2700)

已准备好进入工作环境	58
已准备好处理将来的人际关系	67
已准备好管理自己的金钱	70
已准备好管理自己的健康	78

来源：Gorard 等(2009a)

表4.6　"已准备好进入工作环境"模型的准确性(N＝2700)

阶段	解释的差异百分比	累计解释的差异百分比
学生背景变量	3	3
学校层面的变量	4	7
个人经历	42	49

来源：Gorard 等(2009a)

　　这与参与公民活动的决定性因素有一些相同之处,它本质上是由学生在学校的经历决定。已经在工作实践中学习或接受了良好就业指导的学生,他们为适应工作环境而作的准备更加充分。这可能是因为他们表现出对工作的需求,也可能是不同的学生都正在通过工作进行学习。当学生有足够的机会在小团体里讨论问题时,他们会觉得自己的准备更充分。当然,尽管这些模型已经通过分段的方法在一定程度上避免生源产生的影响,但还是可能存在着这类变相的生源影响,比如实行小班教学的学校与实行大班教学的学校相比,他们在类别和生源上都有差异(见 Gorard 等,2009b)。

55

讨论

　　学生的经历和他们与老师的互动似乎的确会影响到教育成果,如他们对未来的志向和准备的充分性。学校经历会影响他们在学校以外的生活（Pugh & Bergin，2005），所以我们需要去调查学生的这些经历以及这些经历的影响。非正义和负面的学校经历可能会对学生产生正面的影响，如获得更强的自主性、批判的态度，或是为了得到更公正的待遇而更加努力（Dubet，1999）。然而，负面影响可能会更大一些（Gilles，2004；Lerner，1980）。这些负面影响包括焦虑、缺乏安全感、自尊低和精力损耗等，而这些又会导致学生在学习上缺乏动力、不够刻苦和缺乏责任心，甚至会导致反抗的、破坏性的或暴力的行为，还有可能造成学习成绩下降，在法国和比利时这样的国家，有时还会出现留级或辍学等情况。这些影响会扩散到整个班级（或学校），从而造成社会氛围的恶化，这不仅会导致个人的成绩下降，而且会影响到整个学生群体。此外，如果学生在正式工作前曾经有过负面的受教育经历，那么他们在成年后将更不愿意继续接受教育（Gorard & Rees，2002）。在校内的严重非正义经历会降低学生的人际信任和制度信任，让他们对一个正义世界存在的可能性产生怀疑，同时还会使他们对政治参与和社团参与等的态度十分消极。这种经历还可能让学生在对待他人时，尤其是对待如新移民等与自己"不同"的人时，态度十分多疑、狭隘和有侵略性。

　　这就是为什么在这个新的国际调查中，我们的目标是要知道学生对于在学校里受到公正和尊重的对待经历的看法，他们认为什么样的学校才是一个理想的公正的学校，以及他们对于能平等地参与学校内外各种活动的机会的看法。进一步地，我们想要探究学生对于校内公平与正义的经历和观点是如何与他们对于社会公平的观点相联系的。所以这项调查的重点是要让人们听到学生自己的声音，听听他们对于与学校、学习、表现和社会关系相关的公平和正义都说了什么。我们做这项调查的想法就是要去探究这些经历可能会如何影响他们在社会上的人生道路以及他们对于这个社会的看法。我们想要考察学校作为一个民主机构是如何给学生灌输平等、尊重和自主的理念，而这些理念是否会体现在他们在社会上的实际参与和对社会的看法上，如果是，又是如何体现的。

　　在下一章中，我们会探究给予学生机会来讨论这些问题的重要性，以及我们在调查中是如何实现这一点的。

第三部分
倾听学生的呼声

第五章 倾听学生声音的重要性

引言

本章将概述我们倾听学生声音的原因，解释我们所指的作为正义原则的"公平"的意思，并描述我们用来理解公正的潜在标准。这就要求我们先介绍一下为了检验和采集学生对公平的看法而开发的工具。我们新研究的背景和样本将会在第六章中进行介绍。

公正并不是构建学校的主要基础，也不是学位分配的主要基础。因此，学生可能会发现，他们被告知的在校生活不同于他们在学校的实际生活方式。难免地，有些学生可能会提出他们遭受了不公正对待，包括被老师歧视和羞辱（Dubet，1999；Merle，2005）。纵观学校系统，我们发现确实有学生遭受了某些老师的不公正对待，并且已经持续了一段时间（Sirota，1988；Spender，1982）。

这些学生的不公正感受关系重大。这首先关系到道德，因为现代教育体系的基本概念有一条明显的前提，那就是所有学生的发展和成就对于这个体系和老师来说都同等重要。这其次关系到学业，因为不公正的对待可能会影响学生的学习。在存在大量非正义现象的班级或学校学习的学生，学习往往不那么好，这是一个更加普遍的情况。这也关系到教育，因为不公正对待可能会损害学生的个人发展（例如，自信下降）。这还关系到公民生活，因为受到不公正对待的学生可能会对正义认识不足，还会产生其他不利于社会凝聚并妨碍他们积极参与民主的态度和信念。对于那些弱势的学生来说，这些不公正感受可能更加重要。因为有证据证明，与其他学生相比，他们更在意老师的看法(Meuret & Marivain, 1997)。同时,我们也掌握了 2000 年 3 月采集的 PISA 证据,证明与其他学生相比,成绩较差的学生和来自社会弱势家庭的学生觉得受到了更多来自老师非正义对待(Meuret & Desvignes, 2005)。因此,我们的目标是调查在义务教育的过程中,学生经历了何种程度的不公正对待,以及这种不公正对待会对学生的教育和以后的生活带来什么样的不利影响,尤其是对那些弱势学生而言。

当前研究更想了解的是,年轻人在描述公平或正义时采用的判断标准是什么,以及这种标准是随具体情况变化的,还是始终不变的。我们之前已经确认,学校内的学生对于公平公正的国家教育体系的构成要素有较为清晰的认识,而且有证据表明这种认识在不同的国家和地区有所不同(EGREES, 2005)。本书随后章节想要分析的是学生的社会正义感是否与他们遇到的同学、他们的受教育经历以及与教师的互动有综合关系。

鉴于人们最近愈发关注学生参与公民教育的可能性,加之出现了把学校视为微社会(micro-societies)的倾向,本书还尝试探索学生的受教育经历是否影响他们关于公正和公平普遍认识的形成(不管是在学校还是在社会)。特别是对存在生理障碍或情绪障碍的弱势学生,以及被贴上"负面标签"的学生群体(如:社会经济地位较低的群体、少数民族群体或者性别和宗教少数群体),其影响更大(Rose & Shevlin, 2004)。研究人员在调查被排斥且心存不满(但仍在接受主流教育)的学生时发现,对于学生(尤其是年长一些的学生)来说,受到尊重、拥有一定自主权以及被老师单独关心都对他们的自我价值、自我概念以及学习的主动性有重要影响(Riley, 2004;Whitehead & Clough, 2004)。可以确定的是,当学生认为自己失败、无能或者不值得被尊重时,他们的正义感、期望以及在学习环境内/外平等参与的可能性都会受到影响。我们是如何发现这些的呢?

学生声音的相关性

在过去的 20 多年内,对于政策制定者和立法者来说,学生主动参与和他们相关事件的权利成了一大难题。例如,在英格兰《2004 年儿童法案》中提出的"每个孩子都重要"议程(http://www.everychildmatters.gov.uk/participation/)为所有学生提出了一系列目标,包括健康、安全、为社会作出贡献以及实现经济富足。教学大纲和学历管理委员会(The Qualifications and Curriculum Authority,见第二章)于 2008 年 9 月出台了14—19 改革项目,其目标之一是培养自信和负责任的公民。英格兰在 2002 年将公民教育纳入英格兰国家课程,这一举措使得人们开始关注学生呼声为学习过程作出贡献的可能性,并引发了人们的激烈讨论:学生在学校的公平、民主经历以及参与学校事务的经历与他们进入社会成为公民后的观点和期望之间有什么关系(DFES, 2002)。这补充了《2002 年教育法案》(该法案是在《1989 年儿童法案》的基础上出台的)所提出的一项政府义务:在对学生有影响的事情上,地方政府以及学校的主管机构所给出的指导意见必须要先询问学生的看法,且该指导意见"必须考虑到学生的年龄和理解能力,为学生的看法留出空间"。在本书写作期间,英国政府通过法律规定,要求学校必须就教育的每个方面征求学生的意见,从教学到校服设计(Stewart, 2008):例如,学校的主管部门必须从现在起"征求并考虑学生的意见"。一些教师组织表示不支持这项新立法,声称学校征求学生的意见并不是因为这是法律强制执行,而是因为这么做比较合适。然而,英国从 1991 年起就通过了《联合国儿童权利公约》(http://www.therightssite.org.uk),并明确规定,当成年人在制定与儿童有关的决策时,儿童有权利表达自己的看法。这不仅适用于学校,还适用于家庭乃至广大社会。

立法机构和政府指导意见已经为实现这些儿童权利做出了设想,其中一个方法是通过选举成立代表学生发表意见的学校咨询委员会(schools councils)。个人、社会和健康教育的全国统一课程(The National Curriculum for Personal, Social and Health Education,简称 PSHE)以及公民教育全国统一课程都把学校咨询委员会视为学校层面举措的重中之重(http://www.standards.dfes.gov.uk)。"每个孩子都重要"议程把参与学校咨询委员会选举的学生代表比例视为该举措成功与否的重要衡量指标。的确,据报道,学校只会在法定检查期间听取学校咨询委员会的意见,并将其用作向所有学生反馈检查结果的渠道(http://www.ofsted.gov.uk/)。

事实上,儿童作为学生拥有的权利并不充分。小范围调查的结果显示,如果希望儿童们能够意识到公民身份带来的权利和责任,公民教育就必须充分融入学校的运作,而不是仅仅被当作一门课程(Cowell 等,2008)。正如前两章所述,有很多证据可以

62

证明学校和受教育经历以及家庭背景,都与学生社会态度的形成和公民活动的参与度有关(Gorard & Smith,2008,Paterson,2009)。

为了进一步理解教育公平,了解参与者的看法十分重要。尽管学生明显具有发表评论的能力,教育研究中学生看法的匮乏程度仍出人意料(Wood,2003)。《1989年联合国儿童权利公约》(见上文)就号召政府和面向年轻人的机构在制定与年轻人生活直接相关的决策时,承认并考虑年轻人的意见。因此,既然教育关系到学生,那么教育的实施和改革,都应严肃地征求学生的意见(Fielding & Bragg,2003),并在实施中予以认真考虑(Osler,2000)。

这是要全心全意去做的事。采用类比方式说,在健康研究中,研究员发现向学生讲述和教授健康的饮食方式通常都是没有效果的,除非学校同时也在全校开展健康推广活动,尤其是在学校餐饮服务方面,并同时听取和采纳学生关于饮食、身体和健康的意见(Christensen,2004)。同样地,教会学生积极行使公民权利、履行公民义务的最好方式就是让学生在受教育阶段就成为学校管理的积极参与者,而不是仅仅教授学生相关课程。这意味着我们必须改变现状,让学生不再觉得上学只是被动接受的过程,只是为了成功才学习表现自己(Duffield等,2000)。如果公民教育的目的是为了培养宽容的氛围、民主的对话方式,以及对人权和文化多样性的尊重(Osler & Starkey,2006),那么这些特征也应该在学校的结构和组织中体现出来。通过营造开放的讨论氛围来推行民主价值观的学校,在向学生普及公民知识和公民参与时可能会更有效(Civic Education Study 2001,Torney-Purta等,2001)。

不幸的是,尽管政界(如英格兰的监督系统)和学校对学生呼声的重视程度越来越高,但在学生有权参与的民主进程中,由成年人决定的政治结构往往会削弱倾听和切实采纳学生看法的程度(Wyness,2006,p. 209)。尽管学生是多数学校改革和教学改革的目标受益者,但改革者几乎没有收集他们对这些改革的看法(Duffield等,2000)。从根本上来看,这是因为尽管他们明显有能力去发表看法,但他们通常只是被调查对象,而不被当成主要的信息提供者(Whitehead & Clough,2004;Wood,2003)。并且,在很多案例中,像这样让学生参与此类活动的深层目的是提升学生在学业方面的表现和成绩(Noyes,2005)或是提高学生的自信(Rose等,1999),而不是因为真正对他们的看法感兴趣。

有研究者对如何利用学生的声音来提高学生的成绩和改善其在学校的表现表示了一些兴趣。例如，Rose 等学者（1999）在调查有学习障碍的学生时发现，给学生提供发表看法的机会能够提高学生的自我意识，同时教员也能够对学生的需求有进一步的理解，也会更注重通过改革的教育实践来解决这些需求。但是教师并不是一直都对学生提出的改革意见和建议持开放的态度（Davie & Galloway，1996）。正如 McIntyre 等人（2005，p. 150）指出，"如果都没有积极征求和听取学生对于'造福'的看法，那么'学校的初衷就是为了造福学生'这一说法就不太站得住脚"。

从整体上看，这份文献没有认识到学生关于教学过程中的公平和平等有着合理的观点，而倾听他们的呼声应该成为以塑造博识和具有批判性思维的公民为目标的民主教学的一个方面。此外，倾听学生的呼声不仅会促进切实的教育改革（Pomeroy，1999），同时，它可能对年轻人的自我感知能力、作为公民的资源和价值观，有着更为深远持久的影响。学生群体提出的意见或作出的决定所产生的影响事实上常常十分有限（TES，2006）。但像学校咨询委员会一类的、有参与性和民主性的活动如今已经广泛展开了，尽管能够参与其中的学生人数非常有限且经过了严格的筛选——尤其是在英格兰（Wyness，2006）。在学校的运营方式以及在促进学生参与并为当地社区作贡献方面，学生并没有获得更多的民主发言权。

目前的公民教育"对于挑战义务教育的反民主本质并没有任何作用，只会强化'儿童和青少年是形成中的公民，而非自身具有能力的真正公民'这一观点（Wyness，2006；p. 210）"。倾听学生想法的最初目的是通过把他们打造成民主伙伴关系中的积极参与者，并在学习过程中赋予他们更大的自主权。有人声称一些人忽视了倾听学生呼声的"最初"目的，这一点也不令人惊讶（Noyes，2005）。如果我们想要理解并改变校园经历对弱势学生或是被边缘化的学生的社会观以及他们作为民主社会公民的潜力、角色乃至轨迹的影响，那么赋予他们更大的自主权可被视为尤其重要的一环。尽管很多学生（包括那些被边缘化或是被排斥的学生）表示他们很希望在学校能有好的成绩和表现（Riley，2004；Rose & Shevlin，2004），但是他们感兴趣的问题可能与老师提出的问题差别很大（Duffield 等，2000；Hamill & Boyd，2002；McBeath 等，2003）。

需要注意的是，观点会被调查采纳的通常是那些最善于表达和最机智的"尖子生"，他们的声音是最常被倾听的。如果研究人员没能特别考虑到弱势学生甚至是中

64

等学生的看法,那么借用学生呼声来进行变革和鼓励学生参加学校活动的手段,可能只会强化现有的等级层次结构(见 Reay, 2006),导致弱势学生和被边缘化的学生的看法被忽视,而得到满足的往往都是相对优秀的学生的需求。

也许声音最少被听到的是那些已经被贴上边缘化标签的学生群体。在收集资料时偏向那些本身就有优势的学生可能会导致盲目采纳(uncritical adoption):把部分学生的看法当作所有学生学校体验以及对学校教育和校内正义看法的准确反映(Noyes, 2005, p.53)。这种倾听学生呼声的方式可能确实会支持或强化那些"导致很多孩子在学校乃至之后的人生中形成失败身份"(Somekh, 2001, p.163)的学校结构。教育调查就是对受教育者的调查,参与度研究就是对参与教育者的研究,这基本上是公认的。那些目前在教育中已经被排斥的学生也因此被常规性地排除在了这些调查的范围之外,即使这些调查表面上与他们被排斥的原因有关(Gorard 等,2007)。因此,进一步理解公平的定义十分重要,这能帮助我们了解所有学生的看法,包括那些最弱势也可能最不常表达的学生。

65　什么是公平?

"公平"在本书中的定义可以用两个相关的概念来进行表述。首先,公平(equity)是公正(fair)的近义词,它表示的就是一种不偏不倚的、公正的和平等的状态、品质或理想。其次,也是更重要的一点就是,公平也是一种尝试,尝试去理解我们评价一件事公平与否的方式以及原因。当然,这其中有很多众人皆知的判断公正的原则,如待遇平等和机会平等,但没有一条原则或是一套准则适用于所有情况。那么我们是根据什么来判断一条原则(如待遇平等)适用于某种特定情况的呢?不管我们的根据是什么,这种根据都与"公平是一种尝试"的定义是一致的。这同样适用于法律,尤其是在英国法系等普通法系中。在普通法系中,如果使用前一种判例法或严格遵守立法,那么在某些情况下给予原告的补救可能会不充分。所以公平就像是用来补充和修正普通法的法理学体系,在需要时被用来努力确保所有的结果都是完全公正的(Gorard, 2008d)。

由于不想在该点上浪费太多笔墨，我们很有必要从一开始就明确一点，那就是任何试图强化正义的单一形式标准都将是不完美的。因为从某种意义上来说，这也可能导致某些情况下的不正义（或者至少可能对增强正义没有任何帮助，如 Themelis，2008）。例如，学校和老师应该对学生区别对待吗？我们可能不会希望学校在男生而非女生的教育上花费更多的经费，或是为不同的种族群体开设不同的课程。但是我们又会希望学校能在有学习障碍的学生身上加大投入，或是尊重每个学生学习第一语言的权利。应该允许教师惩罚犯错的学生或是对有天分和勤奋的学生进行表扬吗？如果允许的话，那么老师也是在区别对待学生。如果我们死板地坚持机会平等原则，那么教育的结果可能将是显著的结果不平等。这可以被接受吗？那些天生就禀赋更高的人可以轻易获得更多的资源，也会成为对教育最感兴趣的人。又或者，学习最勤奋的人可能会成为最成功的人。从另一方面来说，如果我们追求更大程度的教育结果公平，那么我们可能需要从一开始就不平等地对待每个学生——我们需要先找出那些最弱势的学生，并提供他们更多的（因此也更不公平的）机会。例如，Younger 和 Warrington（2009）提出，在校辅导最有效的是针对那些家庭期望值最低的学生。

确实，从学习和师生关系的角度看，平等是一个充满争议的概念，因为可以说，并非所有的学生都能受到同样的对待。在所有学生都被相同对待，并且在平等的基础上被期望完成同样任务的制度下，拥有不同学习需求的学生是不可能茁壮成长的。对被排斥学生的现有研究表明，在有其他学习需求的学生眼中，这种"待遇平等"其实是非常不公正的，而且可能会激化他们的破坏行为或叛逆行为（Riley，2004）。这些矛盾解释了为什么有些学生甚至成年人很难判断他们是否遭遇了不公正对待。

不管是普世主义还是相对主义都不能解释我们对于正义的感受，因为我们采用的标准其实是普世原则在我们所处的互动体系中的一种新形式（Boudon，1995）。例如，教师可能觉得对一个上交了优秀作业的"差生"大加赞赏或是在平时捣蛋的学生表现好的时候对其多加鼓励是公正的，但一些表现好的学生可能会觉得这是不公正的，而另一些学生可能会觉得这是在鼓励其他学生向他们学习。的确，教师可能会偏爱某些学生并惩罚其他学生，但是他们可能也会平等但不公正地对待所有学生。后一种情况指的是教师对所有学生都感到不满或鄙夷，或者是无意间非正义地对待某个学生。而

66

且,学生们会敏感察觉的并不只是他们自身遭受的非正义行为,还包括那些影响了他人的非正义行为。

很少有学生在 15 岁时会觉得他们遭受了特别不公正的对待,即便在这个年龄他们对老师已不再怀有孩子气的崇敬,能够表达自已遭受的不公平待遇(Grisay, 1997),这从小学和中学学生的态度差异中也可以看出(Dubet,1999)。因此,不公正问题似乎不仅与学生的外部特征相关,同样也与他们的学业特征有关。因此,学生经历的那些更严重的不公正问题(霸凌、毁坏公物、暴力以及一般的不尊重行为)可能来自其他学生,而非教师。然而,学生可能会认为老师也要为这些事件负责,因为老师可能并不具备妥善管理纪律和处理社交关系的能力。

67 一个人对正义或是公平问题而非他们特定兴趣的总体感知能力确实因人而异。这取决于每个人形成的价值体系,因此十四五岁的学生仍然可能受到家庭的强烈影响(有时是以一种对立的形式)。不是每个人都觉得他们需要相信世界是公平的,至少每个人的需要程度不同(Gilles,2004)。因此,有些人认为非正义需要被消除,或者说一定要被消除,而有些人则不这么认为。很显然,这种信念影响了个人对不平等行为的看法。例如,我们的预研究(EGREES, 2005)表明,与来自其他国家的受访者相比,意大利的受访者中认为"学校是一个让精英公平竞争的竞技场"的比例较低。这也许是因为与其他国家的受访者相比,意大利的受访者认为学校内的成功对人生成功的决定作用不那么重大。

对正义或非正义的归因和预期随着个体年龄和性格的不同而不同(Kellerhals等,1988),这也可能因个体所属群体以及他们所处情形的不同而不同。同样地,在我们之前的研究中(EGREES, 2005),能力最弱的学生对校内正义的评价常常比其他学生的评价更加恶劣。我们无从得知这种差异是因为这些"不那么成功的"学生更容易成为学校非正义行为的受害者,还是他们的防范心理诱使他们强调外部的因果归因。

学校的特征也可能会产生影响,这取决于国家教育系统的组织方式,例如中等教育应该是综合性的还是分隔的。也可能取决于院校特征,如学校的声望、校长的领导风格以及学校的管理结构,或者学校教学法实践的本质和组织方式。当然,还可能取决于该校招收学生的特征,尤其是学校层面学生不同社会背景的分布及不同入学成绩的比例。另一个影响重大的环境是课堂,尤其是教学实践活动和它的社会气氛。因此,理解这种影响的本质也是我们研究的一大目标。例如,如果某一课堂努力实现公正并声称达成了该目标,那么它应当是鼓励师生间进行民主讨论的。在这种课堂上,学生不那么容易产生非正义的感受但相对的情形也可能会发生。事实上,那些主张和实践可能会拔高学生对待遇公正和结果公正的期待,并因此导致非正义感受增强。

　　这使得我们开始考虑年轻人在不同情境下可能采用哪些不同的标准来解释或维护他们的(非)正义经历。正如我们所看到的,包括待遇平等在内的正义原则只在有限的背景下、特定的视角下以及某些特定情况中才是有效的。这导致任何对公正的公开评价都容易令人产生疑问。我们在预调查中收集了学生的看法,然而结果显示,在判断某种情形或待遇是否公正时,学生的看法往往高度统一,这种近乎一致的态度使我们对学生对于公正的定义有了更深的理解。

68

　　表 5.1 的纵排概括了可能存在的六大正义原则,横排则列出了学生可能会应用这些原则的四个范围(或情境)。此处的论点是学生在不同情境下能够准确地并且公正地应用不同的原则。例如,一名学生可能会认同公共考试成绩之类的最终成果能够准确体现他的成绩,因此能够用来区别每个学生(表格中的 A)。然而,学校常规工作的组织,如家长之夜,却不应该基于成绩,而是应该平等对待每一个人(表格中的 B)。在

表 5.1　正义原则及其可能被应用的领域

原则	范围或情境			
	学校常规工作	课堂互动	定期评价	最终结果
肯定优点	—	—	—	A
机会公平	B	—	—	—
结果公平	C	—	—	—
尊重个体	—	D	—	—
程序公正	—	E	—	F
合理待遇	G	—	—	—

注释:此处可能存在更多原则,且应有更多情境,如家庭和家庭环境,或是广大社会。本表格已被高度简化。

教育中,有些资源理应或者说必须平均分配,不管生源存在什么样的背景差异——例如不同地区学校的师生比例必须一致(表格中的 C),或者教师对学生应一视同仁(D)。其他资源理应或可能需要按照"贡献越大,奖励越多(E、F)"的原则来进行分配——如,按照具体贡献给予正式文凭或惩罚(Trannoy, 1999)。此外,还有一些资源可能刻意向某方倾斜而不考虑贡献,如弱势学生总是被给予更多的关注(G)。表 5.1 中的每一栏都可以被进一步细分,因此最终结果可能会包含教育最低门槛,如基本读写能力(每个人都获得该能力才称得上公正)以及等级考试成绩(该成绩应该是按照真实能力公正打分的)。

所有这些行动都可以由同一个人辩解为是公平的,这显然是一贯的,因为它们既努力保证了公正又尊重了个体乃至不同学生群体之间的差别。我们关于学生的调查显示,同一个学生确实对不同情境是否公正同时持有不同的看法,因而会采用不同的话语或行为(EGREES, 2005)。

有些原则本身就存在争议。例如,Jansen 等人(2006)认为尊重个体的自主权是正义的。但如果说教育的目的是敞开心胸去接受新观点的话,那么尊重个体的自主权则可能被视为是反教育的。如果鼓励自主权意味着让人们忽视专家的意见,那这可能会被认为是欠妥的,如这可能会危及个人的健康和安全(Hand, 2006)。

看法甚至因学生近期经历的不同而不同。例如,当学生被要求在学校独立完成任务时,他们可能会倾向于采取肯定优点原则。但被要求课堂上合作完成任务的学生则倾向于平等原则(Lerner, 1980)。其他研究者也发现,学生对学校规则的推断也随着范围和类别(如关系、保护和礼仪等)的不同而不同(Thornberg, 2008)。对年纪稍大的学生(接受高等教育的学生)的调查也显示,他们的公正感涉及一些不同的元素,如互相尊敬的师生关系以及系统性的公正(Lizzio 等,2007)。事实上,学生们似乎能够把福利、权利以及正义的道德判断(如它们对其他人的影响)和社会传统区分开来。他们认为不管在任何法律框架下,违背道德判断的行为都是错误的,但如果没有相关规则予以禁止,违背社会传统的行为则是可以接受的(Nucci, 2001)。

表 5.1 中的每一行内容都可以被进一步细分,因此对个体的尊重可以细分为对个体自主权的尊重、对个体之间差异的尊重以及对学生自尊的保护。结果平等可以指所有人的结果平等,或者更狭义地来说,结果平等是指对拥有相同天赋的个体而言的结

果平等(Rawls，1971)，或者社会经济群体之间的平等。它还可以指相同的劳动获得
相同的成果。程序公正可以包括"法律"面前的平等，不管是对规则的一贯解释还是灵
活解释，或者透明度以及学生在过程中的参与度。同样的，合理的对待可能包括既不
歧视也不优待某些学生，教育资源向弱势学生群体倾斜但同时坚持按天赋平等分配资
源(Trannoy，1999)，对侵犯行为给予相应的惩罚，对表现好的、努力的或是取得了进
步的学生给予相应奖励，以及对学生的表现、努力或进步给予合理评定。以上这些待
遇原则都可以被视为"平等"，但当多数原则被同时应用在同一范围或情境中时就会出
现冲突(Dubet，2006)。在某一原则下被判定为平等的案例从另一个原则的视角看可
能就不再平等了，这会引发持续的批评议论。

　　当然，表格后还隐藏了其他重要维度，如非正义的来源和受害者。非正义的来源
可能包括政府、学校、教师、其他学生以及家庭成员。非正义的受害者可能是个体本人
或他人，如同伴或朋友，某一类学生乃至所有学生。具体牵涉其中的参与者的身份可
能会影响我们对于具体情境下是否要使用某一原则的判断。我们可能会考虑学生的
分组，并希望能够为来自较弱势分组且难以"脱身"的学生提供便利。因此，对于某些
评论员来说，与家庭背景、性别和先天缺陷等可能永远不变的差异相比，地理、制度以
及语言等个体可以改变的差异就比较次要了。然而，也有另外一种观点认为，没有什
么差异本身就是非正义的，一部分人能避免的不平等才是非正义的(Whitehead，
1991)。责任理论(Fleurbaey，1996；Roemer，1996)提出，个体间资源的公正分配应基
于非个体能控制的"天赋"以及个体能控制的"努力"。有证据证明，学生对于这些差异
是敏感的。其他学生认为那些由于先天弱势甚至是由于暂时性问题(如行动不便或生
病)而有困难的学生应该获得不同对待。这些困难生被允许获得教师更多的关注，因
为这些障碍的存在不是他们的错(Stevens，2009)。他们与其他不愿学习或是对学习
不感兴趣的学生不同，后者是他们自己的错，因而也不应该获得额外的关注。但是有
困难的学生也只会获得一段时间的额外关注。如果教师认为他们没有尽最大的努力
去学习，那么他们就将开始遭到责备，要对自己的困难负责，并因此不再值得被额外帮
助。不幸的是，如果努力或学习意愿来源于学习动力，而学习动力又来源于社会经济
背景这种个体不能控制的因素的话，这种观点就站不住脚了。

71 　　我们要如何通过调查方式理解这些问题并检验本书提出的观点呢？——通过以问卷调查为主的调查方式来大规模采访学生的看法，但不对他们的反馈加以限制。

学生问卷调查手段

　　本章节我们将主要关注适合面对面和口头完成的问卷调查手段的设计。其他数据来源、我们的样本以及调查的情境都会在下章进行交代。

　　我们发放给学生的问卷主要有四部分，每部分都至少包含一个上文提及的正义原则，以及背景和家庭问题。为了测试所提问题和主题的相关性，以及不同提问和措辞方式的有效性，在实地调研时我们设计了两版略有不同的问卷。问卷的长度被限制在35分钟之内。问卷采访了学生从本学年（英格兰为10年级，其余地区为9年级）开始至今发生的事件。作为一次尝试，本问卷设置了不同的题型，包括李克特量表（Likert scales）、是非题、分类题、情境题以及开放式问题。本问卷试图探究学生对特定事件的看法，如教师的不公平对待、同伴霸凌以及家庭关系。问卷分为四个部分，每部分都考察了表5.1列出的一系列正义原则。

　　"非正义的普遍性以及特点"这一部分探究的是学生认为他们经历过的非正义事件的数量以及类型。同时，在已有研究的基础上（Smith & Gorard, 2006），我们还想知道学生对其同伴所受待遇的看法。比如，早期关于英国这一方面的研究数据显示，学生普遍认为自己是被平等对待的，但认为其他学生遭受了更大程度上的不平等对待。这一部分针对的主要是学校内的互动正义（如：我的老师注意不羞辱我）、分配正义（如：我的分数反映我的努力）以及程序正义（如：即使我与老师出现分歧，老师也会尊重我的观点）。我们也十分关注非正义行为的发出者，是教师为主、其他学生为主还是两者兼有。

　　"非正义原因及来源"部分关注的主要是学生眼中非正义的原因。该部分包括了基于假定学校情境提出的问题和情境题，通过这种方法，我们可能可以把学生在学校
72 的实际平等经历与他们理想中平等学校的模型进行对比。因此，问卷中包括了很多相对的问题，来调查学生具体的非正义经历（如，老师应注意不羞辱学生；我的分数应该

反映我的努力）。学生们还被问及他们是否认为能力或努力应该被肯定（表 5.1 中的 A），以及对于创造和定义一个更公平的学校环境来说，他们是否认为尊重个体差异（D）、合理待遇（G）和机会平等（B）更重要。

接下来的这部分主要考察的是所谓"非正义学校经历的'影响'"。我们想探究的是学生眼中的不公正待遇与成绩以及社交、自信的关系（如，上学对我来说是浪费时间；我喜欢与其他同学合作）。此外，我们还想考察学校经历会如何影响学生进入社会后，对待各种事情的态度以及社会活动的参与度，如基于种族的过度霸凌是否会导致对某个群体的包容度过低，又或者学生眼中的被老师排斥以及非正义对待是否会导致学生不愿参与社区活动，或是期望降低。

年轻人的正义感、志向以及对自身在社会中发展轨迹的期望也都可能受到外界因素的影响，如父母的背景以及他们和父母的关系。"影响正义感的外界因素"这部分调查也因此包括了有关学生家庭背景的问题，调查他们父母的职业和受教育水平、他们对父母的信心和父母对待他们的方式（如，我的父母经常关心我的幸福感或者我可能存在的任何问题；即使我与父母出现分歧，父母也会尊重我的观点）。对于更广泛的政治和社会的看法则是通过诸如以下一些问题得出的："为了避免惩罚，撒谎是可以的"；"移居到英国的人应获得平等的权利"以及"我相信英国政府能够公正对待人民"（摘自针对英格兰的问卷）。这样的设计是为了通过了解学生对于校内情境的看法来了解学生对于政府、待遇平等、尊重个人以及合适的校外行为的看法。

这份经过重新设计的试验性的问卷随后被分发到了六个国家，具体结果见第六章。

第六章　倾听不同国家学生的声音

引言

公平也许很难定义。但是，如果到本章为止，本书的论点都能被接受的话，我们也许能得出这样一个结论，那就是公平代表了有公正感(sense of fairness)，这是我们决定正义的关键原则以及该原则在参与者既定的不同范围内该如何应用的基础。学校是一种生活经历，且对公民和社会有着深远持久的影响，因此，公平是教育的一个重要理想。在特定情况下，很多学生可能都会就何为公正以及何为不公正达成一致。的确，在何为公正这个问题上，学生似乎有很清晰的观点，并且常常愿意表达也能够表达这些观点。

想要回答前几章提出的调查问题，从"学校的设立目的是什么"，到"关于公平话题，学校内的学生有哪些要说的"，我们展开了一次大规模的调查，考察一个国际青年群体的公正经历。本章概括了我们的研究途径，分析了调查涉及的六个国家参与调查的学校和学生，以及我们收集和分析数据的各种方法。本书的下一部分将向读者概述我们所掌握的证据以及我们从中得出的结论。

在这次研究中，我们在日本以及其他五个欧洲国家展开了实地调查，这五个欧洲国家分别代表了北欧、南欧和东欧。我们采用了比较研究法，因为这使我们能够将学校组织的自然变化视作学生正义经历以及正义感(sense of justice)形成差异的可能性解释。这为政策制定者以及从业者提供了关于学校组织在营造公平环境以及帮助学生形成正义感之中扮演了何种角色的重要启示。为了检验第三、四章提出的想法，我们进行了一场跨国的大规模检测,在比利时(法语区)、捷克、英格兰、法国、意大利和日本开展了实地调查。

调查对象包括来自大约 450 所学校的 14000 名学生。此外,对于我们能收集到的所有被调查学校的生源以及绩效的官方数据,我们都进行了核对,如英格兰学生年度学校普查(Pupil Level Annual School Census,简称 PLASC,见第二章)中的数据。我们还针对不同国家的学校设计了一份简要的增补问卷,这样我们就能从每个学校收集到相同且具有可比性的数据。这份问卷涵盖了如下几个方面的问题:学校类型、招生政策、按学生能力分班、特殊教育需求以及志愿计划,这些问题都是首次出现在调查中。所有被调查的学校都参与填写了这份问卷。调查期间,除了这份问卷,我们还展开了实地观察并记录了现场笔记。我们利用这些不同的情境信息来分析我们的发现,或是将之作为这些发现的可能解释。我们梳理了不同社会经济群体、种族群体、国家和学校类型在结果和经历上的差异,并通过建模分析导致不同类型学生对正义产生不同看法的社会和教育方面的合理决定因素。

在每个合作国家,我们都从所有主流中学中挑选了多达 100 所学校作为样本。因为我们较为关注弱势年轻人,所以我们还安排了部分人员去采访那些被排除在主流学校教育之外的学生,去调查这种非传统的学校经历对于他们在学校内以及在生活中的正义感起到了什么样的塑造作用。由此,我们保证了调查学校(以及学生)组合的多样性。在主流学校样本的大部分案例中,我们都随机选择了一个大约为 30 人的 10 年级(即其他国家的 9 年级)的班级,在某些案例中,我们不止挑选了一个班级(见下文)。

调查的初步结果被提交给一个由教师、学校领导以及师资培训者组成的国际观察团进行讨论,以期对结果呈现以及进一步分析给出反馈。这些从业者的评论和关注已被尽可能地整合到了我们的分析中。

首先,我们会就每个国家学校体系的某些方面对本书的国际读者作一个简单介绍。

调查设置

我们的实地调查大多在 2006 至 2007 年间展开,调查学生的平均年龄为 14 岁,中

75　学 9 年级。在被调查的 6 个国家里,14 岁意味着这些学生的义务教育阶段即将结束。而在表 6.1 中我们也可以看到,义务教育通常在学生 15 到 17 岁之间结束。届时,学生们将会接受数千小时的正规教育,而这些教育都是基于他们 12 到 14 岁之间接受的约合 1000 小时的教育。他们将接触到的教师大多都是女性教师,只有日本学生可能例外。这可能会影响到他们对于男性和女性在未来应该从事何种职业的看法。

表 6.1　六国学校教育的总特点(2007 年)

	90%学校教育的典型年龄区间	学生 12—14 岁接受的义务教育时间	女性教师百分比,初中
比利时	3—17	960	60
捷　克	4—17	902	82
法　国	3—17	959	64
意大利	3—15	1016	75
日　本	4—17	869	40
英　国	4—16	900	61

来源:Education at a glance(2007)

　　除比利时的学生外,接受调查的大部分学生都来自公立学校。比利时的受访学生大多来自政府扶持的私立学校(表 6.2)。此外,意大利、日本和英国的样本中有一部
76　分学生来自不依靠政府的私立学校,这部分学生的数量虽少,但意义重大。结合学生所处的不同学校类型来考虑他们拥有的不同正义经历,这十分有趣。

表 6.2　不同类型学校的学生百分比(按国家划分,初中,2007 年)

	公立	政府扶持	私立		公立	政府扶持	私立
比利时	43	57	—	意大利	96	—	4
捷　克	98	2	—	日　本	94	—	6
法　国	79	21	—	英　国	93	1	6

　注释:表格中的数值指某学校类型学生在所有学生中的百分比,且每个国家的所有类型学校数值之和应为 100。
　来源:Education at a glance(2007)

　　假如将调查范围从初中扩大到更广阔的受教育人群,六个国家之间将会出现更多

差异(表6.3)。调查数据显示,日本和英国成年人的受教育水平普遍更高,相比之下就业率也略高一点。在除日本和英国之外的其他国家,有很大一部分人甚至没有受过高中教育。在意大利,没有高中学历的人甚至几乎占了总人口的一半,而意大利的就业率也是几个国家中最低的。当然,如今这些国家的学生情况应该已经有所改变,但是研究学生未来志向和期望的差异仍然十分有趣。

表6.3　六国成年人所受最高教育程度百分比

	高中学历	高等教育学历	就业率
比利时	35	30	69
捷　克	77	13	73
法　国	43	25	71
意大利	38	13	63
日　本	60	40	75
英　国	56	39	78

注释:表格中数值数据为2005年25—64岁成年人口百分比,且各数值相加之和不足100。
来源:Education at a glance(2007)

比利时(法语区)的学校

在比利时的法语社区,从6岁开始长达12年的教育都是免费的。中学教育从12岁开始,公共课程持续2年时间(Eurydice,2006)。随后,学生便被分流到普通高中、技术或职业高中进行进一步学习,这些学校设置了不同的课程,用来吸引不同的社会人员和学习人群(Demeuse等,2005;Demeuse等,2007)。高中阶段之后,学生可能会继续接受高等教育(在普通高中或某些技术课程之后)或是接受后义务教育(职业培训和某些技术课程)。接受职业教育的学生可能会直接获得"职业资质"证书。

比利时的教育体系以其宪法明确规定的两大教育自由原则为基础。第一条教育自由原则是指学生和家长选择适合自己(孩子)的学校的自由,这起初是为了尊重每个人的哲学信仰。第二条教育自由原则涉及学校的组织自由,这导致比利时的学校体系

77

呈"网格状"(reseaux)，每一格都有自己的教育计划，因此每所学校及其教师都有设计自己教学法的自由。在实际操作中，教育被划分为三大主要网格——由政府当局组织和资助的公立学校(法语社区)，由各省或市政府组织并受公众补助的学校，以及由民间团体(非盈利的，教区的或教堂会众)或个人组织的受私人资助的学校[教会学校；非教会学校或是多元主义学校(pulralist)]。

大量研究(如 Dupriez & Vandenberghe, 2004；Dupriez & Dumay, 2006；Vandenberghe, 2000)显示，比利时教育体系的准市场理论导致教育结果出现了严重的不平等，因为这一理论导致学校按照社会经济背景对生源进行隔离。经济合作与发展组织(OECD)2000 年和 2003 年组织的 PISA 评估结果显示，在 15 岁的学生中，25％社会经济背景最好的学生的成绩与 25％社会经济背景最差的学生的成绩出现了巨大差异。这一差异可能是不同类型学校生源的高度隔离造成的(也见第三章)。

捷克的学校

捷克的义务教育开始于 6 岁，结束于 15 岁，也就是到初中毕业为止。学生在义务教育阶段的最后一学年可以申请继续学习到 18 岁，申请方向有三个——普通高中(gymnázia，译者注：捷克语)、技术高中和职业高中。学生具体升入哪一类学校则由升学考试的成绩决定。义务教育阶段结束后继续学习的比例很高(89％)，这也是基于捷克长久的教育文化传统[《教育概览》(Education at a Glance, 2007)]。然而，进入普通高中的学生只占总人数的 20％，而欧盟 25 国的这一平均比例为 37％。因此，大部分学生都是在技术学校和职业学校完成他们的高中教育的(Eurydice, 2007b)。

对于公平问题来说，强调捷克教育体系的筛选特质十分重要，因为捷克的教育体系就是基于对学生的早期分流和筛选来开展更多学术性课程的。第一阶段筛选的时间是学生 8 岁时(3 年级)。通过筛选后，学生才能申请有专业侧重的学校或班级，接受某些科目的延伸教学，如外语、物理、体育、数学、自然科学、音乐、视觉艺术以及信息技术。这类专业课程通常会在 3 年级(语言学科)或 6 年级(其他科目)开始开设。基础学校只有大约 10％的小学生能升入专门学校。家长对于这些专业科目的延伸教学展现出了浓厚的兴趣,尤其是语言学科(对该科目的需求量是开设该科目的学校数量的两倍),他们希望自己的孩子能够获得比在其他基础学校学习更好的成绩。这类基础学校的入学资格是由学校校长以入学考试成绩为基础决定的。入学考试由学校自行命题,考生为年满 8 岁(或 11 岁)的儿童。第二阶段筛选是为了决定哪些学生能升入多学年制的普通高中(六年或八年制)。在基础学校,11 岁的学生从一年级升入二年级不需要接受任何考试。但想要进入八年制的普通高中,学生就必须先参加由高中老师命题的笔试(考试科目一般为母语和数学),有时还需要接受智力测试和学生能力测试。招生人数由学校管理部门决定(大约是该年龄段学生人数的 10%),而报名申请六年或八年制普通高中的学生人数往往是录取人数的两倍之多。

如果我们把有特殊教育需求的学生在被分流和进入特殊学校时的受隔离程度考虑在内的话,捷克教育体系的筛选特质甚至会更加突出。捷克有特殊教育需求的学生被分隔教育的比例是所有欧盟国家中最高的[欧洲教育关键数据(Key Data on Education in Europe)2005 年提供的数据是 5%]。

在分析了 PISA 以及其他一些学生成绩的国际研究结果,如国际数学与科学趋势研究(TIMSS)、国际成人识字率调查(IALS)以及国际阅读素养进步研究(PIRLS)(straková, 2003)的数据之后,我们发现在 11 岁时通过了多学年制高中选拔性入学考试的学生中,只有 15% 的学生来自(分为五层的)社会经济阶层最底端的两个阶层。因此,多学年制高中的存在很大程度上导致了教育不平等的再次出现(Matějül & Straková, 2005)。

针对学习进步幅度较小的学生,捷克还设置了一个留级制度。在小学和初中阶段都会有大约 1% 的学生留级。由于没有专门为此开设的法定测验,判断学生是否需要留级的依据教师的评估。此外,还有大约 5% 的学生在 9 年级之前退学。

根据 2003 年 PISA 的评估结果,在捷克,家庭背景对学生成绩的影响巨大。处于社会经济地位两极的学校之间的成绩差距是 OECD 国家平均水平的 1.5 倍。学生考试成绩的差异有 37% 可以用学校的社会经济背景来解释——这一数值在参与 2003 年 PISA 评估的国家中排名第七。从民族上看,捷克的民族相对单一,移民儿童所占比例比较低(不足 2%)。

英格兰的学校

英格兰像其他的英国学校一样，初中体系具有普遍性和强制性，学生从 11 岁起进入初中，每年级大约有 65 万名学生。有 7% 的学生在私立学校读书，剩下的学生则会进入公立学校。公立学校学制各有不同，有 9 年制（11—19 岁）、7 年制（13—19 岁）和 6 年制（11—16 岁）等。少数中学是以宗教信仰为基础的，这些学校中有的是受监管津贴学校（voluntary-controlled），有的是受津贴民办学校（voluntary-aided）。还有一部分学校数量更少，它们不受当地政府机构控制，包括学院（Academies）、城市技术学院（City Technology Colleges）以及基金学校（Foundation Schools）。约有 150 所公立学校是选拔性学校，学生 10 岁或 11 岁时可参加入学考试。但是，大部分学校从本质上来说还是综合性的（接收所有学生），尽管原则上特色课程学校能够通过学生的特长来选拔至多 10% 的学生，且这类特色学校的数量也在不断增多（Harris & Gorard，2009）。

所有学校都被要求完成学生年度学校普查（PLASC，见第二章），该普查与全国学生数据库（NPD）一起，提供了关于每个学生的数百个变量。例如，有一个变量记录的是学生是否来自贫困家庭。英格兰约有 15% 的学生出身贫困（贫困标准由官方定义）。这些学生并没有平均分布在各个学校。大部分非综合性学校、以宗教信仰为基础的学校或是私立学校招收的贫困学生数量少于预期。因此，如果想让贫困学生平均分布在各个学校内，那么约有三分之一的贫困学生需要转学。低收入分层现象在学校种类较多的地区比较明显，并且在过去十年间随着学校多样性的不断增强而进一步恶化（Gorard，2009c）。

我们早前受欧洲委员会委托进行研究时曾确定了 29 个指标（EGREES，2005），利用这些指标，我们可以对英国学校体系的正义性稍加评价，并得出了两个结论。不寻常的是，在英国，教育对于男孩和女孩（男人和女人）来说几乎是同样公平的，对于英国国民、新移民和其他国民来说也几乎是同样公平的。后一种情况出现的部分原因可能是国民和非国民之间的收入及其他经济指标的差距较小，教育公平反过来也缩小了国民和非国民之间的收入及其他经济指标的差距。这种公平不仅体现在国民与非国民、男性与女性享受的平等文化资源上，还体现在男孩与女孩、国民与非国民相差无几的职业愿望上。这种情况在欧盟中总体上并不多见。英国教师给学生的教育支持基本做到了无视学生的性别以及原国籍,这一点在对学生的采访中也得到了证实。这些都意味着不论性别或是原国籍,所有学生的学校经历在受教育的时间长度和成功率上都是相近的。同时正规学校教育结束后,由性别和原国籍导致的合格率差异相对较小。这可能反过来也促使了(学生在未来)各项经济指标的基本公平。

　　这两种情况在英国教育公平的各项表现中是最鲜明的。从很多方面来看,这 29 项指标反映的英国社会不仅相当公正,而且具有相对的流动性(尽管最近出现了一些与此相对的错误言论,如 Gorard 2008e 中的某些言论)。家庭财富的流动性也很合理,即:福利国家制度使得受教育程度最高、最具威望的职业群体对社会做出的经济和文化贡献向受教育程度最低、最不具威望的职业群体流动。相比其他能收集到数据的国家,英国社会的流动性是最高的,社会出身对职业地位的影响之小也令人惊叹。根据社会阶层和教育程度不同,文化资源也进行了合理的广泛分布。在英国,学校教育体系在很大程度上确保了综合性,学生因考试分数、家庭情况、父母职业和原国籍而遭到分隔的比例低于平均水平,教师对学生教育的关注也并没有因为社会阶层的不同而产生大的差异,教育本身对职业威望和社会地位的影响程度也较低。因此,如果确实如此,那么与其他几个欧盟国家相比,在英国,原生阶层、教育程度以及最终阶层之间存在良性循环,但这三者的关联相对没那么紧密。英国国内的这一良性循环其实并非政策制定者和媒体经常为群众描绘出来的情景(Gorard,2008e)。

　　另一方面,英国不同社会经济群体接受初始教育 initial education(即在接受继续教育前所接受的学历教育——译者注)的时间跨度却相差巨大。例如,处于受教育程度前 10% 和后 10% 的两个群体之间对于受教育年限的预期就存在较大差异,而这也可能是 25 到 34 岁这一年龄群体参加证书考试的人数较少的部分原因。在学生的眼里,教师们在学校里并没能给予阅读能力较差的学生足够的甚至平等的帮助。在文化习俗以及儿童读写能力方面,父母教育的影响很大。

　　同时,假如父母从事的职业社会威望较低,其子女的职业愿望就会明显低于他/她的同伴。这些单一指标的问题都值得进一步调查。

80

81

法国的学校

法国的义务教育开始于 6 岁，学生通常会在小学里学习五年。但有很多学生会被要求至少复读一年——1997 年开始上小学的学生中有 18％的人读了六年（Repferes et Références Statistiques，MEN，2007）。

小学毕业后，学生会进入综合性初中（学院）学习。他们入学的学校可能是所属学区的公立初中（70％），或是其他地区的公立初中（10％），或是私立初中（20％）。约有 4％的中学生在普通教育与职业教育适读班（SEGPA，Sections d'Enseignement Général et Professionnel Adapté），或是区域教育适应学校（EREA，Etalissements Régionaux d'Enseignement Adapté，译者注：怀疑 Etalissements 应为 Etablissement）就读。法国有专为存在严重学习障碍的学生开设的班级（SEGPA）或学校（EREA）。我们的新调查包括了 SEGPA 的学生（全法国约有 10 万人），但是不包括 EREA 的学生（全法国约 1 万人）。在初中三年级结束前，有些学生会被导向更加职业化的学习轨道，这些学生就成了所谓的"三年级插班生（troisièmes d'insertion）"，他们通常会升入职业高中学习。14 岁时，约有 80％的学生会进入高中（lycée）学习，而其余 20％的学生（大多是学习能力较弱的学生）则会进入职业高中（lycée professionnel）。

在法国，平等（égalité）至少从 18 世纪末的法国大革命时起就成了这个国家的座右铭。理论上来说，这意味着出身、信仰、种族和家庭背景都不会影响个人享受法国的公共服务。正是这条座右铭促使法国在 2005 年出台了一项禁令，禁止学校内出现明显的宗教象征。这条政策，以及与之相似的其他政策，确实属于平等待遇，但未必公正（见第五章）。

意大利的学校

意大利义务教育的第一个周期被分为两个阶段——儿童在 6 到 11 岁之间接受的基础教育以及在 11 到 14 岁之间接受的初中教育。第二个周期则包括在 15 到 19 岁之间接受的高中教育,以及在初中教育结束后的职业培训。总的来说,义务教育长达 10 年,从六岁始,到 16 岁结束(Eurydice, 2008)。目前,高中教育开展的场所是高中 (licei),主要学习典籍、科学、艺术或社会心理教育学。职业高中教育开展的场所是职业学院、技术学院或者艺术学院。意大利学校在课程的教学和行政方面拥有相对较大的自主权。例如,学校在决定教学时间和课程内容方面具有很强的灵活性(Eurydice, 2008)。

2005 年,意大利高中学生的毕业率为 82%,与 OECD 发达国家的平均水平持平 (OECD, 2007a)。2004 年,意大利对各级教育的投入约占 GDP 的 4.9%,英国的教育投入占 GDP 的 5.4%,欧盟 19 国教育投入的平均值约为 GDP 的 5.4%(OECD, 2007a)。

日本的学校

日本的学校体系以 6—3—3—4 结构为模型。对于大部分学生来说,这意味着六年的基础教育(包括幼儿园),三年的初中教育,三年的高中教育,50% 的学生还会接受四年的大学教育(DeCocker, 2002)。学生 15 岁初中毕业后,义务教育阶段也随之结束,尽管还有大约 98% 的学生会继续接受高中教育。在日本,完成高中教育的人口比例很高,在 25 到 34 岁这一年龄段,有 90% 的人读完了高中。从本质上来看,日本并不存在国家考试。学生会参加两次高利害关系测试(High stakes testing),一次是在初中结束时,学生参加的高中入学考试;另一次是在高中结束时,学生参加的大学入学考试。学生对待这些入学考试的态度极其认真。为了进入口碑较好的高中,学生之间的竞争十分激烈,因为进入这样的高中被视为考上精英大学或是一流大学的敲门砖,而进入好的大学又被视为从事社会地位较高的职业的保证。评价一所高中教学质量的传统方式并非直接察看学生的考试成绩,而是通过比较考入日本一流大学和精英大学的学生人数,尤其是东京大学和京都大学(Roesgaard, 1998)。据 Lynn(1988)所说,这些顶尖学府的成就在日本受到了媒体的广泛报道,而日本的普通民众对此也展现出了极大的兴趣,他们殷切地关注着这些大学的动向,"有点像在西方我们关注体育球队一样"(p. 28)。日本教育体系受到海内外广泛关注的一大原因是所谓的"学塾(juku)",抑或补习班。许多日本学生从初中开始上学塾。学塾通常都是按照商业方式运作的企业,尽管也有一些小的学塾是由学生的母亲在家里开办的,为学生提供高中入学考试的辅导课程。据估计,在任何一个时刻,日本的 1500 万学生中都有 650 万学生在上学塾或是其他形式的补习班(Manzo,2002)。学生们通常会在放学后去上学塾,每周上两次,每次两小时。

　　OECD 成员国内七到八岁儿童的年均强制教学时间是 758 小时,其中最多的是澳大利亚,为 981 小时;最低的是芬兰,为 530 小时。在日本,七到八岁儿童的年均强制教学时间为 712 小时,低于平均水平,中学教育阶段的情况也大致相同。然而,日本教学成果的优异不仅体现在数量上,在 OECD 的 PISA 项目对各国 15 岁儿童关键科目领域的知识及技能的评估中,日本在教学质量和公平性上都名列前茅。例如,拥有高中学历的日本人中,有 89％的男性有工作(OECD 平均值为 82％),60％的女性有工作(OECD 平均值为 65％)。而在那些没有高中学历的人中,79％的日本男性有工作(OECD 平均值为 72％),53％的日本女性(OECD 平均值为 49％)有工作。尽管日本在每个小学生身上的投入超过了平均水平,但是平均每班 28.6 人的班级规模在 OECD 各国中仍位居前列,仅次于韩国。还有大约九个国家的班级规模为每班 16 到 21 人(OECD 平均值为 21.4)。与之类似,初中教育阶段日本每个班级平均有 33.8 个学生,远高于 OECD 国家的平均值 24.1。在能够收集到可比数据的 21 个国家中,只有韩国初中阶段的班级规模比日本大。这一情况的部分原因可能是韩国的教师薪酬更高,尤其是比例异常高的男教师的优厚薪酬。

　　在日本,获得高等教育第一阶段学历证明(tertiary-type A education)的女性比例甚至低于 OECD 国家所有调研领域的平均值。生命科学、物理科学和农业专业的毕业生中只有 31％是女性,而 OECD 的对应平均值为 51％,在所有教育相关领域,OECD 国家内获得第三级教育第一阶段学历证明的女性占所有女性数量的 54％,而日本的这一数值仅为 40％,在收集到的可比数据的 27 个国家中排名最末。

国家样本

我们的主要研究是于 2007 年 4 月到 7 月之间在欧洲各国开展的,且每个国家的目标样本由 100 所学校组成。每所学校我们都希望能收集到至少一个班级(大约有 25—30 名学生)的数据。我们的研究对象主要为 9 年级的学生(14 到 15 岁),因为大家都认为这个年龄比较接近年轻人开始就一些问题观点成型的最低年龄,这些问题包括社会和政治事件以及诸如公平、社会责任感和公平身份等更抽象的概念。学生年龄大约是 14 岁,但是有些国家存在学生快速升学或留级的情况,因此扩大了年龄范围。利用行政手段对教学单位进行尽可能广泛的调查降低了调查的难度,而且可能得到学校更大力的支持以及更高的学生反馈率。

每个调查合作机构都会提供其所在国家所有 9 年级学生(若没有具体年级则为 14 岁的学生)的学校和教育机构的名单。每所学校都有一个识别符,我们也会先预估一下 9 年级学生名单上的学生数量(估算方法有二,一是通过全日制及同等学力 9 年级招收的所有人数进行估算,二是利用各年级招生的所有人数进行估算)。我们按照规模大小对名单进行了排序,并按照要求的抽样率(n/100)将其分成了若干个子名单,每个子名单都由规模大致相同的学校组成,然后再从这些子名单里随机抽出案例。每个国家都挑选出 200 所学校。我们首先对前 100 所学校进行调查,后 100 所学校则作为替补,防止被某些学校拒绝。

一旦一所学校(或教育机构)被选中,它的地址就会被添加到其现有记录里。我们会首先写一封信给校长,与该学校进行初步接触。随后,我们会继续写邮件或是打电话给校长(或年级主任/学科带头人),给他们展示我们的项目大纲和样本问题。

每个被调查的伙伴国家都有 70 到 85 所学校的数据被成功收集,这样被调查学校的总数就有大约 450 所(被调查学生约有 14000 人),还有一些特殊案例(见下文和第九章)。一旦取得了他们的同意,调查问卷就会被打包寄往学校,还有一本寄给负责人的操作手册,以及一个写明了回邮地址的信封,用于寄回填好的问卷。回收的问卷随后会被送到调查组进行扫描(采用最佳标志识别)以及分析前的数据清洗。

由于我们对弱势以及被排斥的年轻人的关注,所以我们必须协调部分力量去采访

84

那些被排除在主流学校教育之外的学生,去调查他们这种非传统的学校经历对于他们在学校内以及在生活中的正义感起到了什么样的塑造作用。每个国家还有六个"案例研究"机构被选中,作为对主要案例的补充,这些机构包括学生收容所(Pupil Referral Units,简称 PRUs)、青少年拘留中心以及最弱势学生可能占比极高的特殊学校。我们于 2007 年 9 月对这些学校里的学生(每个学校大约 10 名学生)进行了采访。这些学生通过如下几种方式参与了我们的调查。有些学生能完成问卷,有些学生填写的问卷经过了简化,有些学生表现出了阅读障碍,需要别人帮助填写,还有一些学生把它当成了结构性访谈。

我们针对不同国家设计了简化版本的问卷对学校层面进行调查,这样才能保证我们在所有学校收集到的是相同的且具有可比性的数据(就好像英格兰的 PLASC,见上文和第二章)。这也允许我们比较学生的正义概念以及他们在一系列教育环境和不同学生群体中的学校经历。该问卷包括如下问题:学校的地理环境,与学校有关的任何项目,学校入学名额的分配方式以及有否按照学生能力进行分班。这份问卷要么由班级教师在学生参与调查时填写,要么随后由学校领导完成。

预研究

基于我们在第五章中讨论的概念背景,我们在 2006 年 10 月到 11 月间使用两份具有细微差别的学生问卷在五个伙伴国家进行了实地调查——法国、比利时(法语区)、意大利、捷克和英格兰。这两份问卷大致相同,但是存在一系列不同的或是措辞有差别的问题供我们进行实验和对比。在每个国家我们都试验了上文提出的抽样过程,选出了 10 所学校以及一群没有接受主流学校教育的学生作为案例分析,并在每个学校选出了两个 9 年级教学小组,要求他们在常规注册学期期间或接受公民教育/个人社会与健康教育课程(PSHE 课程)期间参与调查。

每个国家约有 350 名学生参与了预研究,总计有来自 92 个班级的 1820 名学生。我们试行了抽样方法、访问安排、学生和学校层面的问卷、负责老师的操作手册、技术资料、预研究的准备、联系学校的流程、问卷的复制以及结果的初步分析,以及所有预研究的法语、意大利语和捷克语版本。针对学校的问卷被发放到了各所学校的校长手中，填写完后寄回国家研究小组。大家都认同在学生接受班级层面的问卷调查时，研究小组的成员应该到场，从而记录下学生的评价和其他与修改或完善问卷相关的问题，并监控问卷填写过程。

从方法上来说，这次试验十分有效，因为它帮助我们改进了接触弱势学生的方法，并修改了学生问卷。总的来说，学生问卷反响良好，完成率较高，同时我们还发现同一问题用不同的方式提问不会影响学生作答。预研究还让我们发现了一系列新问题，尤其是与问卷内容有关的问题，以及一些条目的无效翻译等。我们还意识到针对不同国家我们应采用不同的方式来确保获得学校的支持。除此之外，我们还发现学校层面的问卷在绝大多数国家都是无效的，因此我们决定（除了为学生设计的问卷以外）为老师重新设计一份班级层面的问卷调查。

采集到的样本

尽管每个国家采集到的学校样本都没有达到理想的 100%，但平均超过了 80%。然而，我们使用了大量替补名单上的学校，且每所学校采集的班级数量各不相同（见下文），这意味着我们不能把采集来的数据当作真正整群随机抽取的样本。比起是否能够从每个国家的样本中归纳出该国的总体情况，我们更关心学生群体和学校之间差异的效应值。替补名单的使用也意味着某些国家的案例数量比其他国家多。每个国家抽样的最基本单位是学校，且对于任何学校层面的分析来说，每个学校每多出一个班级都意味着对学校层面情况的估计更准确几分。对于任何班级层面的分析，每个学校的班级数量很大程度上是与之无关的。然而，任何国家层面上的分析都要考虑到每个学校抽样班级数量的差异。如果一所学校回收的问卷数量较多，而该校或者抽样的班级规模与其他学校或班级并无差异，那么就可能对该国的分析结果造成影响。例如，英格兰有一所有多个班级参与调查的学校是一所私立收费的女子学校。因此，任何基于所有案例得出的分析结果都会过度代表私立学校的女性学生。在所有国家里，有 48% 到 52% 的学生是男性（剩下的当然就是女性），而样本的总体男女比例为 $1∶1$。

表6.4　学生问卷回收数量(按国家划分)

	问卷数量	百分比
比利时(法语区)	1608	12
捷　克	1512	11
英格兰	2836	21
法　国	3627	26
意大利	2992	22
日　本	1191	9

参与研究的年轻人的特征

　　学生问卷采集到了大量参与调查的年轻人的背景信息。这让我们能够调查此类情境数据与年轻人关于公正待遇的看法和经历之间的关系。这恰恰是我们在考虑学校中看似最边缘化的年轻人的看法时最关心的问题。在这一部分,我们会根据他们的出生国、第一语言、学业成绩、性别和期望来总结样本的特征。我们还会描述他们家庭的社会、教育以及职业特征。

学生背景特征

　　参与调查的大部分年轻人告诉我们,他们出生在现在所接受教育的国家(表6.5)。在这个表格以及下文很多表格中,读者都会注意到我们没有提供日本样本的数据。这是因为我们的日本调查伙伴认为这种涉及学生背景以及其他家庭特征的问题太过敏感,不太适合被囊括在我们的调查中。因此我们在分析每个国家不同学生群体的调查发现时会跳过日本。正如调查结果所示,捷克的母群情况非常稳定。

　　大部分学生,不管住在何处,都告诉我们调查所使用的语言和他们在家说的语言完全相同（表6.6）。调查结果显示，法国年轻人在家不说法语的比例最高。如上，捷克的母群情况看起来是最稳定和最统一的。

表6.5 学生出生于被调查国的百分比

比利时	89	意大利	93
捷 克	97	英格兰	94
法 国	94	总 体	93

表6.6 学生在家使用调查所用语言的百分比

比利时	79	意大利	83
捷 克	93	英格兰	84
法 国	71	总 体	81

由于缺少国际统一的比较学习成绩的方法，我们让学生自己告诉我们，他们觉得自己该学年在学校内的成绩应该是良好、一般还是较差（表6.7）。尽管我们很难核实他们这些估计的准确性，但是这些反馈确实给我们提供了一些指示，帮助我们确定在年轻人心中自己在学校能取得什么样的成绩。然后我们就能尝试性地将这些个人报告跟他们在学校所受公正待遇的经历进行对比（见第七章和第八章）。比利时、捷克和法国这三国中觉得自己成绩良好的学生比例是相近的。觉得自己成绩良好的意大利学生占比相对较小，而英国学生则极为不同，他们对自己的评价更加积极。

表6.7 学生觉得自己在学校成绩良好、中等、较差的百分比

	成绩良好	成绩中等	成绩较差
比利时	29	62	9
捷 克	26	68	6
法 国	24	59	18
意大利	22	73	16
英格兰	42	53	6
总 体	25	59	12

在英格兰,国民教育课程要求所有公立学校的学生在14岁时(9年级)参加英语、数学和科学科目的考试。这些考试都属于高利害关系考试,学生在考试后会按成绩被划分到不同等级,通常是3级到7级。这些等级会影响学校的联盟排名和教学设置以及学生的考试等级记录(同样见第七章),所以学生通常很在意自己达到的等级。我们让英格兰的受访学生汇报了他们眼中自己9年级考试应当取得的等级,从而获得一些关于英国样本实际学业成绩的指标,尽管采取的仍然是自我报告的方式。英格兰的国家标准要求14岁的年轻人应该至少达到国家课程的第5级。2007年,14岁学生在考试中拿到5级或更高级别的比例为:英语考试中有74%,数学考试中有76%,科学考试中有73%。我们样本中的绝大部分学生14岁时都在国家考试中取得了理想的成绩(表6.8)。事实上,在受访者中有接近一半的学生在填写问卷时正在为了获得6级或者更高的级别做准备。

表6.8 英格兰14岁学生国家考试成绩

	英语	数学	科学
第3级	2	2	2
第4级	9	8	9
第5级	26	17	23
第6级	31	24	28
第7级	15	31	20
无反馈	17	17	18

表6.7(学生自我报告的成绩)和6.8(更客观的成绩)是我们利用数据交叉制成的表格,从这两个表格中我们可以看出英格兰子样本在这两个问题上的标准是相似的。也许我们可以因此判定,在我们没有更多客观手段来进行调查的其他国家,学生对自己成绩的判断也是准确的。

我们要求学生告知他们在未来想要从事的职业类型。职业被按照是否代表传统的"专业"职业(如医生、科学家、律师)或"中等"职业(如警察、办公室职员、汽车机械师)或"劳动阶级"职业(如邮递员或工厂工人,体力劳动者)进行了分组。接受调查的学生被要求从这三组职业中选择最接近他们感兴趣的职业的那一组。他们还可以选择"不知道"或者"我根本不想干所有组中的工作"。在这里我们主要关注的是想从事专业职业或中等职业的学生比例（表 6.9），但是我们不会对任一学生职业愿望的合理性和适宜性作出任何评价，因为学生们可能只是基于他们当前的兴趣和成绩去理性地选择一种职业。在所有被调查国家中，大部分学生日后都想从事专业职业或中等职业，其中捷克该类学生在所有学生中所占的比例最低。

表 6.9　想要从事专业职业或中等职业的学生百分比

90

比利时	87	意大利	76
捷　克	74	英格兰	83
法　国	78	总　计	79

年轻人家庭的特点

下面我们将会从学生父母特点的角度来对调查样本进行描述。正如我们预期，大部分父母都出生在调查所在的国家（表 6.10），父母双方的数据大致相近，且又是捷克当地人口的比例最高。英国的父母数据中，只有 36％ 的母亲出生于英格兰，比例非常低。因此，英国的受访者对于这个问题是只针对英格兰还是包括英国其他地区存在疑惑，但关于父亲一方时，受访者却没有如此困惑。总之，在英国收集的样本数据较为异常，因此被认为是不准确的（也就是说，这是由电子编码或读取错误导致的不可修改的错误）。

表 6.10　受访父母出生于调查国的百分比

91

	母亲	父亲		母亲	父亲
比利时	70	68	意大利	89	91
捷　克	93	94	英格兰	36	81
法　国	77	74	总　计	72	81

在调查家庭的社会经济地位时，让学生提供父母的教育经历这种方法得到了广泛的采用。可尽管如此，这种方法也并非完全可靠（Gorard, 1997）。在本次调查中，我

们让受访的年轻人告诉我们他们的父母是否上过大学(表 6.11)。尽管这种调查父母教育水平的方式相对粗糙,也的确存在一些困难,但是这为我们了解学生父母是否接受过义务阶段之后的教育提供了一些指示。该调查结果显示,父母双方接受过大学教育的比例相近,均在 20%到 30%之间,且各国的结果大致相当。

表 6.11　父母上过大学的百分比

	母亲	父亲		母亲	父亲
比利时	31	31	意大利	24	24
捷　克	21	22	英格兰	27	28
法　国	21	22	总　计	24	25

和此前出现过的有关职业愿望的问题一样,学生被要求选择最接近父母所从事工作的职业(表 6.12)。在所有被调查国家中,有 13%的母亲没有工作。而各国父亲从事专业职业或是中等职业的比例中,最高的是英格兰,最低的是捷克。这也可以反映出各样本的本质(见上文)以及各国就业模式之间的差异。

92

表 6.12　父母从事专业职业或中等职业的百分比

	母亲	父亲		母亲	父亲
比利时	56	62	意大利	47	58
捷　克	56	49	英格兰	67	75
法　国	52	52	总　计	55	59

总结

本章总结了我们在调查不同国家年轻人在学校内乃至在社会中的公正经历时所采用的数据收集方法。我们分析了被调查学校所在的国家教育体系的一些主要特征,解释了预研究和抽样过程的不同阶段,并描述了学生样本的某些背景特征以及家庭特征。接下来的 4 章会使用我们收集到的数据,对某些关键结果进行概括。

第四部分
学生的正义感

第七章　学生正义经历的国际比较

95

引言

我们的调查样本包含了来自六个国家的 14,000 名学生。在第六章中,我们已经描述了这个大样本的部分特征。本章将以国别为基础,总结各国学生对学校内和广阔世界中的正义的看法,以及可能影响他们形成这些看法的经历。由于生活在不同的国家,他们对一个问题的反馈可能会受到本国文化和期望的影响,所以要分析这些反馈背后的想法和动机并非易事。因此,本章的目标之一就是要在各国的具体背景下,总结调查发现的主要问题,并分析各国学生公平经历相同或不同的程度。在接下来的章节中,我们将考察所有这些国家的不同学生群体的正义经历,并将它们放到一起进行多变量分析。在这些章节中,我们通常会以表格的形式呈现问卷调查的结果,并会选择一些开放式的、面对面的学生回答作为补充(这些回答在英格兰和日本做了录音)。

当然,各国学生在看法上的差异可能是由各种各样的原因导致的。可能有随机和/或系统性的抽样误差,或者是由于问题被翻译成另外一种语言后,意思上产生了细微改变。因此,我们在本章以及接下来的 4 章中强调的差异是十分显著且普遍的差异,这些差异与学生的回答、各国背景信息等数据并无冲突。它们可能是由国家层面上的教育结构和教育经历的不同造成的(见第六章)。目前,我们主要讨论不同国家之间的相同点和不同点。

96 **教师如何对待个体学生**

从我们的调查结果来看,师生关系总体上是积极的,有 60％—70％ 的学生反映他们与老师相处良好,仅有 10％ 的学生不同意此说法(表 7.1)。总而言之,在调查的所有国家中,只有不到 10％ 的学生表示上学对于他们来说是浪费时间。当我们对各国的调查结果逐一分析后,另一个值得注意的发现是许多结果非常相似。所有国家同意度高的问题都是一样的,同意度低的问题也是如此。

表 7.1　同意关于师生关系的说法的学生百分比

	比利时(法语区)	捷克	英格兰	法国	意大利	日本
我与老师相处很好	70	72	63	66	59	65
老师对我既不比对别人好,也不比对别人差	62	59	42	62	58	52
老师鼓励我自己做决定	50	48	56	51	66	34
即使我与老师出现分歧,老师也会尊重我的观点	48	29	42	45	49	29
老师总是公正地对待我	47	35	39	46	51	47
我相信我的老师是公正的	40	48	59	35	42	35
老师关心我的幸福感	35	42	42	34	44	35
老师曾在全班同学面前冲我发火	33	48	44	36	25	34
我觉得似乎大多数老师都无视我	28	12	17	33	23	14

注释:本表仅展示了一部分指标。其他所有指标都表现为文中所描述的主要模式。

日本学生的回答有一个特点,即他们的回答中有相对较多的中立答案——既不同意也不反对。例如,近一半的日本学生对于"老师尊重我的观点"这一说法给出了中立
97 的回答。对于"老师是否鼓励学生自己做决定"这个问题,也有相似比例的学生表示难以抉择(颇具讽刺意味)。与此项调查中的其他国家相比,日本学生给出中立回答的比例最高。这就意味着,对于大多数问题,日本学生无论是同意还是不同意的百分比都比较低。这可能是由于翻译造成的,这些概念的翻译质量太差,导致日本受访学生不

能很好地理解这些问题的关键含义。但他们更完整的回答没能佐证这一猜测。更有可能的原因是这个群体的学生对于我们所问的问题不够熟悉。也许他们从来没想过师生之间可能建立一种平等的关系，所以他们对这些问题给出了高比例的中立答案。

值得警醒的是，日本学生在学习中似乎比较缺乏自主性——他们对于"能自主地做决定"和"观点得到尊重"说法的回应都较为消极。一名学生说：

> ［老师］只听分数高的同学的观点，忽视分数低的或不喜欢的同学的观点。这很荒唐。老师不应该区别对待学生。（日本，男）

当然，这种情况不只发生在日本：

> 我在课堂上表达了我的观点，但老师毫不在意。然后另外一个学生说了同样的内容，老师就表扬了他。老师不尊重我的观点。（英格兰，女）

> 老师认为"虚拟语气"会把我们弄糊涂了，所以不给我们讲解。但班上其他同学似乎都懂，只有我不懂，老师也拒绝给我讲解。（英格兰，女）

把这些关于老师行为的指标综合起来看，捷克学生对于老师对问题的讲解、对学生观点的尊重以及老师公正对待学生等方面的观点较为负面。近一半的捷克学生反映，在接受调查的当年有老师在全班同学面前冲他们发火。总的来说，意大利的调查结果比较积极。比利时和法国情况与意大利相似，但在这两个国家都有少数人觉得自己被老师无视。英格兰的情况喜忧参半。调查结果显示，英格兰的老师似乎更有偏见（仅有 42% 的老师公正对待受访学生）、更容易对个体学生发火，但认为老师公正对待自己的学生的比例却相对较高。这是值得更进一步研究的。这可能就是我们第五章讨论到的罗尔斯原则（Rawlsian principle）的一个表现，如果某种区别对待是合乎情理的，那么它就是公正的。在一些情况下，区别对待反而更加公正。

但我们也应当注意到在调查当年，不到一半的学生认为他们的老师公正对待学生、关心学生的幸福感等等。无论学生的观点是否准确，但既然他们做出了这样的回应,所有这些国家就应该关注这个问题。正如我们将在下文看到的,学生反映他们应被老师公正对待,而老师觉得对学生的关注程度应当与有效的教学方式相配合,这两种观点之间可能是有冲突的。

表 7.2　同意关于分配正义的说法的学生百分比

	比利时（法语区）	捷克	英格兰	法国	意大利	日本
我的分数通常能反映我作业的质量	62	70	64	59	58	49
老师会就某个问题耐心讲解,直到我理解	60	41	48	52	69	47
我的分数通常能反映我所付出的努力	59	69	63	56	56	48

表 7.2 中的数据显示的情况与上述情况非常相似。日本学生表示赞成的比例总体较低,除此之外,各国的学生群体之间都表现出了非常大的相似性。有趣的是,各国学生对于分数反映了"作业的质量"和"付出的努力"这两个问题的观点几乎是完全一样的,这可能是因为学生并没有区分质量和努力,也或许他们普遍认为努力程度必然影响作业质量。关于"老师是否耐心讲解问题直到学生理解"这一问题,学生的反馈则有更多差异。这或许与按能力分班和所处环境有关。可以推测,与综合度较高的教育体系相比,分班和分隔程度较高的教育体系之下,无论在哪间教室的学生,他们之间才能和天赋差别都会比较小。这可能会使老师更容易让所有学生理解他们的解释。这或许可以解释比利时的比例相对较高的原因,但却不能真正解释为什么捷克的比例如此之低,而意大利的比例如此之高。这一问题将会在第八章中根据不同学生群体的反馈再次进行讨论。

教师如何对待整体学生

事实上,与个体学生和老师的关系相比,学生对学生整体与老师的关系更加不满。有时这或许只是一个频率问题。比如,反映说见过老师在学生面前发火的人比见过老师在学生面前冲自己发火的人要多。如果学生的反映是准确的,而且并不是所有的学生都有过老师对自己发火的经历,那么上述结论就是成立的。在其他方面,个体学生和整体学生所受到的对待是非常相似的。例如,约 40％的学生说老师尊重他们的观点(表 7.1),同样有约 40％的学生表示老师尊重所有学生的观点(表 7.3)。当然,这可能是因为被调查者没有注意到这两个问题之间的差别,但我们没有能证明这一点的证据。此外,对于如"老师发火"等相关的其他问题,学生对于个人和其他人的看法是很不同的。因此,我们假定这些学生的反馈都是有效的,那这就说明学生想要的和他们从老师那里得到的之间是有真正的差距的(见下文)。

100

表 7.3　同意关于大多数学生和老师关系的说法的学生百分比

	比利时（法语区）	捷克	英格兰	法国	意大利	日本
老师在全班同学面前冲某个学生发火	77	88	60	80	70	67
老师对需要帮助的学生给予更多的帮助	67	55	66	62	68	30
努力的学生通常最受优待	62	68	67	69	59	41
老师有最喜爱的学生	60	76	69	64	58	63
即使出现分歧,老师也会尊重学生的观点	49	31	39	46	46	22
所有学生在课堂上受到相同的对待	31	34	30	31	38	34

日本学生表示同意的比例再一次相对较低(见上文),其余国家表示同意的学生比例都比较高。在所有被调查的国家中,约 1/3 的学生表示他们在课堂上被平等地对待(并不一定是公正对待),但有约 2/3 的学生表示老师有最喜爱的学生,而这绝对是不能被视为公正对待的。事实上,"有最喜欢的学生"这个问题引起了很强烈的抱怨,如:

　　我在所有的考试和作业中都非常努力,但我得到的分数与我付出的努力并不相称。而且一些老师有他们最喜欢的学生,并且会忽视其他人。(英格兰,女)

老师去关注他们最喜欢的学生了，就不会有时间来关注你。然后他们要你放学后留下来接受帮助，但碰巧你又有其他的课后活动——这事在我身上发生过，太不公了。（英格兰，女）

老师对待他们喜欢的学生和其他学生的方式是不同的。我一直认为这不公平。他们要是对我很冷淡或是直接忽视我，我会感到生气。（日本，男）

有些老师有偏心，这真是很荒唐。即使一个学生很努力，但老师如果不喜欢他，就不会去引导他取得进步。对不同的学生，老师的态度差别太大了，这真是荒唐。（日本，女）

在英语课上，老师让一个学生翻译一句话，如果那个学生不会，老师每次都会让一个特定的学生来翻译。从我第一年上学开始就是这样。我不再对此感到生气了，但我讨厌这样。因为有一个老师很偏心，我对这所学校感到失望。（日本，女）

英格兰关于"老师偏心"的调查结果与其他国家一致，有接近 70％的英格兰学生认为老师对勤奋的学生最好。但是，关于哪种类型的学生受到了偏袒，日本和英格兰的学生给出的意见有些不同。更多的英格兰学生认为，在课堂上，学业或行为习惯不是太好的学生得到了老师最多的关注和表扬。而在日本，绝大多数学生认为老师偏爱分数最高的学生。一位日本学生直接这样说道：老师对分数高的学生最好。

调查结果表明，整体学生的情况比个体学生的情况更加消极（表 7.4），这也与预期相符。所有被调查的学生中，仅有约 50％认为他们得到了"应得的"分数，较少的人认为学生受到的惩罚是公正的，而更少的人认为老师解释问题的方法利于所有学生理解。各个国家、各个群体的学生都出现了这些严重的指责。他们不再只考虑自身（例如，与表 7.2 相比，对这些问题的同意程度就反映了这一事实），因此这并不是他们企图自我辩白或对自己的立场过度敏感。所以这一定反映了某些问题。

表7.4　同意关于对于大多数学生的分配正义的说法的学生百分比

	比利时（法语区）	捷克	英格兰	法国	意大利	日本
犯同样的错，一些学生受到的惩罚比其他学生更严重	61	53	70	64	48	49
学生通常能得到他们应得的分数	58	60	51	54	46	48
老师公正地惩罚不良行为	46	45	37	42	47	40
老师会就某个问题耐心讲解，直到所有学生理解	40	37	43	34	47	29

　　学生表示，如果这种区别待遇是恰当且公正的，那么不同待遇不一定是个问题。然而，开放式问题的反馈表明这种区别对待并不总是恰当且公正的。对于学生提出的这些细微的差别，老师好像并不敏感。换句话说，老师关于正义的标准似乎是有误的。受访学生认为，老师对学生的惩罚是不一致、不公正的，他们有自己偏爱的学生，对一部分学生（如学习勤奋的学生）更好。这些都是明显又常见的不公平的例子。学生对于公平处罚的问题表达了最多的不满。大多数学生认为，对于同样的违纪行为，老师给予的惩罚并不是公平公正的。但有趣的是，他们举的例子全都是他们自己而非别人的：

　　　　有一次，我就是看了下时间，T老师就惩罚我课后留校。我认为这是不公平的，这个惩罚太严重了。而且在大多数人看来，我并没有做错什么。（英格兰，男）

　　　　因为我没有坐在自己该坐的座位上，我的化学老师就整节课都不让我进教室。（英格兰，性别未知）

　　　　因为在课堂上打了个喷嚏，我的老师就把我赶出教室（并非校规）。在同一年更早的时候，同一位老师就曾把我赶出教室，没有明显的原因。两次他都说我是在刻意吸引别人的注意。（英格兰，男）

有的学生可以在学校穿他们自己的外套,但有的学生只是戴了枚戒指,就被要求脱掉。一些学生还可以在课堂上睡觉。(英格兰,女)

我们学校最近新来了一名体育老师。我和我们班里另外一名女生都忘了带运动服。老师罚了我2.5欧元,但那个女生说这是她第一次忘记带运动服,所以老师就没罚她。(英格兰,女)

我和别的学生犯同样的错误时,老师会大骂我、打我,但他却不对另外那个犯错的人发火,只是笑笑那个学生。(日本,男)

我和我的同学在学校犯了同样的错,我被责骂了很久,但我的朋友只被稍微训了一下。我们本应该受到同样的责骂,因为我们做的是同样的事。(日本,男)

在历史课上,我忘记带书了,老师就骂了我五至十分钟,打了我的头大约十下而且下课之后我被叫到办公室去。另外有一个比我聪明的学生,他忘记带书时,老师就只是让他回家把书带来,他既没有挨打,下课也没有被叫到办公室去。(日本,男)

有的学生染头发、行为放肆,老师管不了他们,他们很不遵守纪律。但老师对其他一些做了错事的学生非常严格。老师害怕一些学生,这影响到了我们的课堂。(日本,女)

我把我的手机带去学校,结果被老师骂得很严厉,以至于我都不想去上学了。但另外一个总是无礼又暴力的学生也带手机去学校时,老师什么都没说。我染了头发也被老师骂了,但那个人染头发老师就什么都没说。(日本,男)

这些小事件就是影响学生判断一个学校或一名老师是否公正的主要因素。学生可以接受甚至喜欢基于需求、努力和成绩的区别对待,但对于因为同样的事情而受到比他人更严厉的惩罚,他们则充满了怨恨。他们反对的并不是惩罚或奖励本身。惩罚或奖励不同于"受尊重",尊重必须是一视同仁的。这些惩罚或奖励必须是有正当理由的,而且其分配必须清楚合理。

学生与同学的互动

与学生和老师之间的互动一样,绝大多数学生认为自己与同学的互动是积极的,这在被调查的六个国家情况都是相似的。学生中,超过90%的人有好朋友,不足10%的人没有交到好朋友,仅约7%的人觉得自己被同伴无视(表7.5)。大多数学生表示喜欢和同学一起学习,并且在学校有分数较低的朋友。强调这些积极的结果和相似性是很重要的,这样才能确保讨论所有差异的方式是合理的。

表7.5　同意关于学生和同学关系的说法的学生百分比

	比利时(法语区)	捷克	英格兰	法国	意大利	日本
我在学校有好朋友	94	89	92	94	89	88
我在学校有分数低的朋友	81	76	72	84	81	72
我有来自其他国家的朋友	80	28	50	65	58	29
我喜欢与其他同学合作	79	77	80	78	57	61
我有东西被偷	21	31	31	20	14	19
我被其他同学孤立	13	8	12	14	6	10
我被其他同学故意伤害	10	9	22	10	4	26
我遭受了其他同学的霸凌	8	4	15	9	5	11
我觉得其他同学无视我的存在	7	8	7	8	6	10

在所有被调查国家,涉及与同学之间的负面事例的总体数据都是较低的,这令人很欣慰。但这些少数的负面事例也很重要,因为他们(可能)反映一些信息。学校可能是

可怕的,令人不愉快的。意大利、比利时和法国的调查结果仍然最为积极(或最不消极),其中意大利的情况要稍差一些。意大利的校园霸凌和暴力等情况相对较少。在捷克和日本,有外国朋友的学生比例很低,这可能是受两个国家近年来移民模式的影响。尽管如此,捷克和日本的学生融合问题还是需要进行探讨。不出意料的是,家庭来自被调查国以外的学生更有可能拥有处境相同的朋友(见第八章)。捷克和英格兰(31%)都有相当高比例的学生表示,他们在调查当年都在学校遭窃。虽然学生总是把丢失东西归因于偷窃,但各国在这一问题上的差异值得我们在接下来的章节中进一步讨论。

在英格兰和日本,被同学故意伤害的学生人数较多,而且据学生反馈,英格兰的校园霸凌也更加普遍。霸凌在成绩差的学生中更加常见。然而,这是英格兰学生对于英国教育体系的控诉,还是其他国家的受害者没有意识到霸凌的发生,抑或是英格兰学生对于校园霸凌更为警觉,我们还不清楚。也有可能是为减少校园霸凌而推行的课程反而造成了反映数据的上升。但是,英格兰学生反映被同学故意伤害的数量也很多。这就说明了英格兰学生反映的高霸凌率与其他国家受害者的无意识或英格兰学生的警觉性都没有关系。有趣的是,日本学生对于霸凌本身的经历就与此次研究中其他国家的学生所反映的有些不同。我们的调查与近期的其他研究结果相反,后者显示,日本学生遭受到的来自同学和老师的霸凌比例都较高。或许在不同的翻译版本中,被伤害(being hurt)和被霸凌(being bullied)的概念被混淆或合为一谈了。

被同学霸凌本身是不公正、不愉快的,但对一些学生来说,老师也要对有充分或有时未能公平地解决这件事负一定的责任:

> 我告诉老师我被欺负了,他就当没听见。但当他最喜欢的学生向他说同样的事,老师就听了他的话。(日本,男)

对校内正义的看法

要评定学生认为学校或老师应该是怎样的,我们首先须确定他们对于正义的标准是什么。各国受访者几乎一致认为所有学生都应受到尊重。至少在校内的各种情境或各个方面(见第五章),即便老师和学生之间有分歧,老师也应毫无例外地尊重所有学生。但也有很多人赞同在某些情况下,老师不需要平等地对待所有学生。据这些受访者所说,给予那些并非自身原因而造成困难的学生更多的关注(或许是一种临时措施,见下文)是公正的。老师根据学生的才能和努力有差别地分配分数和给予表扬也是公正的。按照这个逻辑,尊重是无条件的,但奖励是有条件的。

在所有受访国家,同意"老师应优待努力的学生"这一说法的学生人数都是最少的,显而易见,学生运用的潜在正义标准是根据情况不同而有区分的。学生都赞成勤奋和努力是老师在打分时应考虑的重要因素,两者之间并不矛盾。在给学生分数时,努力似乎应当比作业的质量稍微重要些(见上文)。但在其他方面,老师应对努力的学生和其他学生一视同仁。据学生们的说法,老师再一次没有区分好不同情况的界限:在给学生分数时,老师给有才能的、努力的学生较高的分数是得当的,但他们常常将这种优待延伸到信任、自主性、尊重等方面就是不公平的。这种行为是不恰当的。

表7.6　同意关于学校应如何运行的说法的学生百分比

106

	比利时(法语区)	捷克	英格兰	法国	意大利	日本
所有学生应平等地受到尊重	94	92	84	93	94	82
即使出现分歧,老师也应尊重所有学生的观点	94	87	87	93	86	45
老师应注意不羞辱学生	90	92	80	91	90	38
老师应耐心讲解直到所有学生理解	88	82	81	84	85	50
学生的分数应反映他们作业的质量	81	91	71	81	84	53
老师应表扬应受表扬的学生	81	80	87	82	72	79
学生的分数应反映他们的努力	73	73	69	77	72	54
老师应对努力的学生最好	20	10	27	72	27	26

为了能更好地理解学生在判断公平问题时实际运用的正义标准,我们设计了一些小插曲或小情境来进行调查。下面转载其中一部分情境(使用的是英文版本中的人名)。对于一些易受影响的学生,这些情境是极为有效的。在第一个情境中,我们要求学生判断在给一份作业打分时,努力和聪明哪一个更重要。

Sam 用了整夜的时间来完成他的作业。他进行了调查,并用自己的话写出了调查的结果。Pete 在去学校的路上草草地写下了一些答案。最终,Sam 的分数比Pete 的低。

    a) Sam 付出了更多的努力,却得到一个更低的分数,这是不公正的。

107   b) Pete 一定比 Sam 聪明,因此,即使他付出较少的努力,得到更高的分数也是公正的。

在所有受访的欧洲国家,更多的学生都认为努力更应成为打分的标准。而在日本,则有稍多的学生认为聪明更重要。这与"分数应奖励哪些因素"的调查结果是一致的(见上文)。在第八章,我们将探讨将学生分组调查的结果,如分为高分组和低分组。

情境二:

Jenny 家人的宗教信仰与当地大多数人不同,他们就希望 Jenny 去一个与她宗教信仰相符的学校。这就意味着她不能在当地上学。

    a) 这是不公平的,因为学校就是一个即使人们有所不同,但仍然能一起合作的地方。

    b) 这是公平的,因为与其他人有所不同的学生应当有机会上不同的学校。

在受访的欧洲国家,绝大部分学生认为来自不同宗教信仰家庭的小孩应当在同一所学校上学。这就意味着,在这种情况下,他们认为社会凝聚力比个体的选择和关注更为重要。与其他国家相比,英格兰有较多的人希望宗教信仰不同的学生分开接受教育。

表 7.7　同意 Sam 的情境中第一种说法的学生百分比

比利时(法语区)	捷克	英格兰	法国	意大利	日本
60	60	58	67	65	44

表 7.8 同意 Jenny 的情境中第一种说法的学生百分比

比利时(法语区)	捷克	英格兰	法国	意大利	日本
60	79	664	77	84	—

注释：由于日本的研究人员认为此情境"不适合"于日本，因此该情境未用于日本的调查。

情境三：

108

Jacinta 在阅读上有困难，觉得自己难以赶上班上其他同学。老师不得不花很多时间帮助她，并给予她更多的关注。有时，其他同学不得不等到老师帮助完 Jacinta 后，才能得到老师的帮助。

a) Jacinta 需要额外的帮助，所以老师花更多的时间帮助她是公正的。

b) 老师应当在所有学生身上花相同的时间，所以这是不公正的。

各国学生对这个情境产生了最大的分歧。在受访的四个欧洲国家，大部分学生运用区别对待原则，允许老师给予班上有困难的同学更多帮助。平等对待并不意味着公正。但是在英格兰和日本，大部分学生的反馈体现了严格的平等原则（表 7.9）。在这个情境中，我们有意地选用了非被调查国家母语的人名，让这个人可能看起来像一位新移民。因为在各国使用的名字都不一样，所以我们并不能确定这些名字达到的效力是同等的。尽管如此，在这个问题上各国学生的选择差异还是非常显著的，比本章目前为止涉及的其他任何问题的差异都大。

表 7.9 同意 Jacinta 的情境中第一种说法的学生百分比

比利时(法语区)	捷克	英格兰	法国	意大利	日本
70	81	39	66	72	30

以下两个例子都有三个选项供学生选择。

如果一名学生有阅读困难，感到难以赶上班上其他同学，你认为以下做法公正的是：

a) 老师花更多时间帮助该生;

b) 该生应更加努力,以赶上班上其他同学;

c) 该生应在特殊的班级上课。

英格兰和日本的反馈结果再次比较突出。大多数欧盟国家的学生主要有两种观点,一是要求有困难的学生更加努力,二是老师给予更多的帮助(表7.10)。

表 7.10　同意关于额外帮助的例子中以下说法的学生百分比

	比利时(法语区)	捷克	英格兰	法国	意大利	日本
a) 帮助	42	56	28	49	64	16
b) 努力	51	34	9	39	32	67
c) 分开教学	5	9	59	8	3	13

当然,在现实当中,我们不仅只有这些方法。实际上,学生是否同意老师给予额外的帮助,还取决于被帮助的学生是否足够努力,值得获得老师的帮助(见第五章责任理论)。在英格兰和日本,很少有学生赞成老师给予该类学生额外关注。他们认为这是不公正的。相反,日本学生基本都赞成该类学生自身应更加努力。而英国学生则基本都赞成通过分开教学的方式给予该类学生帮助。或许,这与他们支持宗教不同的学生应分开上学的态度是相联系的。与法国或其他国家存留的大量特殊学校不同,英格兰的学习环境更具综合性,学校更有包容性,这或许意味着对英格兰来说,帮助困难学生的问题更加现实,也更加耗时。在高度选拔性的教育环境下,学生们更容易赞成老师给其他人额外的帮助,因为在这种环境下,实施这一原则的成本会比较低。

第二个有三个选项的例子:

如果一名学生在课堂上行为不良,你认为以下做法公正的是:

a) 老师给予这名学生比其他学生更多的关注;

b) 老师给予这名学生比其他学生更少的关注;

c) 老师给予这名学生和其他学生同等的关注。

如果一名学生行为很差（与困难相反），欧盟国家的受访学生就很少会赞成老师给予该生额外的关注（表 7.11）。可以推测，在这种情况下，即便是努力或先天的缺陷都不能使该生获得更多的关注，这再次与第五章的责任理论相一致。因此，大多数学生希望老师给予所有学生同等的关注，甚至有些学生认为行为差的学生不应得到老师的关注。

表 7.11　同意关于额外关注的情境中以下说法的学生百分比

	比利时（法语区）	捷克	英格兰	法国	意大利	日本
a) 更多关注	7	19	7	8	16	42
b) 更少关注	33	24	39	30	21	6
c) 同等关注	59	56	50	60	62	50

在日本，同意"给予行为差的学生帮助是公正的"的学生比例相对较高，且明显高于其他国家。这可能是因为日本学生较少直接经历过课堂被扰乱的情况（可能是文化差异）。也可能是因为他们更倾向于认为行为差也是教育劣势的一个表现。如果是这样，这个例子就与上文学生有阅读困难的例子（见上文）类似。

一些日本学生表达的观点相对强烈，以及他们对于自我之外的政治、社会世界的认识是我们在这部分的调查中发现的一个有趣的不同点。这些观念是如何形成的，它们如何体现在学生的活动中，以及它们存在的程度有多深，这些都是将来的对比研究可以进行考察的非常有趣的问题。

> 不公正的事太多了，数都数不尽。最让我生气的是某些学生总是找些借口来逃脱惩罚，而别的学生却不得不接受惩罚，比如打扫一周的卫生。这种不公正是老师的错。改变这种情况似乎是不可能的，但我希望能改变。（日本，男）

在下一章中，我们将开始进一步讨论在各个国家，学生的经历和背景是如何塑造他们评判教育公平的标准的。接下来，我们将讨论学生关于校外正义的经历和观点。

与父母的互动

学生总体上都表示自己和父母的关系是积极的,这在六个国家都是一致的(表 7.12)。学生认为与老师相比,家长更加尊重他们的观点。家长也愿意跟他们谈论他们的学校、朋友和兴趣。不管是男生、女生,还是复读一年或一年以上的学生,他们给出的回应都是如此。但是在日本,仅有约 40% 的学生认为他们的父母尊重他们的观点(尽管有约三分之一的学生对这个问题给了中立的回答)。这一比例远低于另外五个欧盟国家。五个欧盟国家中认同父母尊重他们的观点的学生比例都超过了 70%。这或许也是一个文化差异——日本更注重孩子对父母的尊重,而非父母对孩子的尊重。

表 7.12　同意关于父母参与的说法的学生百分比

	比利时 (法语区)	捷克	英格兰	法国	意大利	日本
我的父母关心我的幸福感	91	85	87	88	95	80
我的父母尊重我的观点	80	70	71	79	71	41
我的父母会和我谈论学校	78	82	80	76	79	62
我的父母会和我谈论我的兴趣	71	74	74	71	69	60

对校外生活的看法

令人难过的是,大多数学生学会了在与成年人或其他校外人员交往时需要格外谨慎,极少学生认为他们可以信任他人(表 7.13)。几项指标显示,英国和日本的情况又是相似的。这两个国家的学生总体上更信任他人,在与他人交往时更加放心。各国都只有少数学生相信他们的政府是公正的,这是学生整体对政府的一次控诉。捷克和日本的学生对政府的信任度都非常低,调查数据分别是 11% 和 10%。的确,从一些日本学生的评论中,我们就能清楚地看到他们对于国家政府明显的不信任。

政府收了我们的税，但大部分钱都被政府官员中饱私囊，或是按《日美安保条约》的规定为美国建造军事基地。是否真的有必要花我们的钱为美军建很好的军事基地？这些军事基地真的能保护我们吗？是谁在不断地损害日本人民的利益？政府通过电视等媒体说，他们会把税收用在公众身上。但是，把我们父母辛苦工作挣来的钱用来满足政府官员的个人私利，难道不是很不公平吗？我们在学校应该更多地学习和思考这个问题。学校应当让我们更多地了解关于日本和整个世界的现实问题。（日本，女）

日本政治对日本人民是不公正的。政客首先考虑个人的财富和安稳，然后才会考虑其他人。最好把现在那些无用的政客都解雇了，聘用一些愿意为大众着想的诚实的年轻人。（日本，男）

增加税收的方法不是提高燃油价格，而是应当找到其他的方法。电视里的速食比赛应该停止了。这种比赛对于贫穷国家没有食物吃的人是不公正的。（日本，女）

政府官员浪费了人民纳的税。公共领域和私有行业有很大的不同。因为我们是小孩，所以不能参与政府工作。我们只是看着国家不断增加债务，我很怀疑。（日本，男）

各国的大多数学生都认为移民应享有和本地人相同的权利，而且大部分人还希望移民能接受新国家的很多传统。或许他们认为，接受他们的生活方式是享有平等权利的前提。英国和意大利（不同于比利时和法国）在过去十年都有相当多的移民，两国媒体和政府政策都对移民给予了大量关注，但两国支持权利平等的学生却更少。捷克移民较少，但该国学生最希望新移民接受这个国家的文化和传统。而日本却是另一个极端，仅有13％的日本学生认同这个观点。这可能是因为日本文化相对单一，也可能是由于两国人民对于新移民的印象有所不同。日本的移民主要是来自美国和中国的高技能工人,而捷克的移民主要是低技能的吉卜赛人和苏联人。认为可以接受打人(约32%)和撒谎(约27%)的受访者人数比例大致是相当的。这两个数字不大,但这个比例还是太高了。无论是男生、女生,还是复读一年或一年以上的学生,他们的观点基本没有差别。在捷克,关于打人和撒谎这两种行为的调查结果差异最大。50%的捷克受访学生认为打人是可接受的,而仅有10%的学生认为撒谎是可接受的。

对于对学生在校外受到公正对待的经历所进行的调查,各国的调查结果是相似的。下一章中,我们将开始讨论学生在校园内外的经历如何影响了他们对于社会的这些看法。但是对于一些学生来说,至少有一点是很明确的,那就是社会正义始于学校正义:

> 老师对他们喜欢的学生或更聪明的学生的态度不同于对其他学生的态度。现在人们正努力去消除社会上的歧视。如果这种学校里的小小歧视,也许会引发更多的歧视,我就担心这个世界了。政策制定者也应当认真考虑他们的政策是否真的正确。(日本,男)

表 7.13　同意关于校外生活的说法的学生百分比

	比利时	捷克	英格兰	法国	意大利	日本
我需要非常谨慎地对待他人	84	73	51	85	84	33
来到这里并在这里生活的人应享有平等的权利	71	72	48	71	54	90
我想从事专业职业	66	77	33	57	58	48
来到这里并在这里生活的人应该采纳我们的生活方式	53	69	56	58	57	13
我相信政府是公正的	40	11	38	36	28	10
可以撒谎	36	10	25	32	30	33
可以打人	28	50	34	32	26	25
大多数人是可以信任的	17	20	29	16	11	25

注释:英格兰关于职业志向的数据遇到了数据录入的问题。这一项会在第十章进行进一步的讨论。

第八章　不同学生群体的正义观念

引言

　　在第七章，我们讨论了学生在其居住国与公平相关的经历，以及他们对该国公平情况的判断。本章将更加详细地讨论其中部分问题，探讨一些可能的弱势因素，如移民和家庭社会经济状况。本章的目标是要更清楚地了解学生在实践中应用的以及各种情况下理应应用的正义标准（见第五章），以及可能对这些标准产生影响的社会、家庭、教育等方面的因素。接下来使用的模型将在第十章进行检验。与第七章相同，我们挑选了一些来自学生的开放式或者面对面描述，对问卷结果进行了补充。这些描述一部分来自问卷，还有一部分来自之后的讨论。

老师如何对待学生

　　如第七章所述，社会、经济和家庭背景不同的学生在反映当学年在校老师如何对待他们时表现出了惊人的一致性。无论是男生或女生，成绩好或成绩差，父母是教育水平高的工作者或教育水平低的失业者，新移民或本国语言非母语的学生，他们都有大量相同的经历。复读一年的学生与其他学生所给出的反馈之间也没有明显的差异。对于老师"尊重学生"、"解释问题直到学生理解"、"鼓励学生自主学习"、"总体上以相同的方式对待学生"、"给予需要的学生更多的帮助"、"公正地惩罚学生"、"公正地打分"

115 这些说法,复读学生与其他学生中都有相同比例的人表示同意。当然,情况并不理想,同意以上关于老师的说法的学生比例通常是较低的,但好在不同类型的学生对上述说法表示同意的比例是相同的。同时,对于一些比较不愉快的经历,比如不公平地受到惩罚、老师冲学生发火、老师偏爱一些学生尤其是勤奋的学生等,不同类别的学生也没有表现出明显的差异。

这对于许多其他背景类别的学生来说也是一样。在来自有不同职业和教育历史家庭的学生中,大部分指标的调查结果几乎没有差别。如表 8.1 所示,所有类别的学生中都有约 43% 的人同意"老师通常都尊重学生的观点"这一说法。这种极细微的差别佐证了这一结论:处于潜在弱势中的学生,如父母从事社会地位较低工作的学生,并没有比其他学生经历更多的各种形式的非正义。

表 8.1　同意"即使存在分歧,老师也会尊重学生的观点"的学生百分比
——不同类别的学生之间几乎没有差异的一个例子

所有学生	母亲从事社会地位低的工作	母亲没有工作	母亲没有上过大学	父亲从事社会地位低的工作	父亲没有工作	父亲没有上过大学
43	44	43	43	45	43	43

注:不包括日本学生。

相似地,表 8.2 反映出父母的移民身份和使用的语言对于学生的回答影响甚微。大多数指标都呈现了这样的特征。表 8.2 也清楚地反映了出生以后才移居到调查国的学生中,反映老师冲他们发火的人更少。所以,对于六个国家的此类潜在弱势学生群体来说,他们在这些方面并没有什么特殊问题。

表 8.2　同意"老师曾在全班同学面前冲我发火"说法的学生百分比
——不同类别的学生之间没有重大差异的一个例子

所有学生	出生后移居调查国	第二语言	母亲出生在国外	父亲出生在国外
36	28	39	39	38

注:不包括日本学生。

大多数学生群体之间的一致性甚至大于国家间的一致性。这或许有以下几点原

因。在第七章,我们已经讨论了"无意识受害者理论"(unconscious victim thesis),即处
于劣势的人与客观上处于优势的人相比更不易察觉不公正现象。但我们发现,这个理
论并不足以解释原本被视为处于弱势地位的学生认为自己被平等对待的原因。我们
用来划分子群体的变量,如性别、社会阶层等,或许并不能够有效地测量潜在差异,但
它们却是教育社会学领域的标准分析范畴。与传统社会学研究的常用变量相比,我们
的分析采用了更多样的变量,如成绩和第一语言。因此,我们的第一个结论是,学生的
经历并没有因为他们的背景和出身而出现很大的不同。总的来说,如果平等对待是对
待潜在弱势群体的合理方式,那这个结论是很积极的。至少,学校的师生互动似乎并
没有恶化学生早期的弱势情况。

　　不同类别的学生在相同指标上的调查结果几乎没有差异,但同一类别的学生在不
同的指标上差异也很小。年龄远大于年级平均年龄的学生通常被视为复读的学生。
与其他国家相比,这种复读现象在比利时、法国和意大利更为常见。针对这些复读生
的调查结果发现,他们在校的积极经历略少于其他同学,而消极经历略多于其他同学
(表8.3)。但只有学生评价老师如何对待个体学生时才呈现上述调查结果。同样的
学生在评价老师如何对待其他学生时并没有呈现上述调查结果。关于分数的情况也
是相似的,得分低的学生认为老师给自己的分数与其他同学相比是有些不公正的。

表8.3　同意关于老师如何对待学生的说法的学生百分比

	高分	平均分	低分	复读
我与我的老师相处很好	77	64	46	58
我的分数通常能反映我作业的质量	75	59	43	51
我的分数通常能反映我付出的努力	72	57	43	52
学生得到了他们应得的分数	61	51	41	—
学校是一个公正的地方	59	50	38	43
老师会耐心讲解直到我理解	58	54	48	
我相信我的老师是公正的	53	43	30	37
老师曾在全班同学面前冲我发火	31	36	47	40
我觉得大多数老师都无视我	17	22	39	—

续　表

	高分	平均分	低分	复读
我容易感到气馁	17	23	42	31
上学是浪费时间	5	8	22	15

注释：分数由学生自己汇报。根据出生年份，在比利时、法国和意大利，1992 年之前出生的受访者都至少复读过一年。

很明显，许多认为即使情况相似惩罚和奖励也可能分配不平均的学生都有被这样对待的经历。这意味着即使老师认为有正当理由对学生进行区别对待，如奖励进步行为或给较差的学生(甚至偶尔给较好的学生)提供额外帮助，其他学生都有可能认为这种做法不公正。或许学生最关心的问题就是教师们明显滥用分配奖惩的方式。日本学生和英国学生的一些描述明确地体现了这一点，以下是我们挑选的部分回答：

就因为他们不聪明，所以即使这些不聪明的学生什么事都不做也能获得很多表扬和奖励，我不喜欢这样。(英格兰，女)

淘气的学生只是和其他同学一样完成了他们无论如何都必须要完成的作业量，凭什么他们就获得更多的关注和更多的称赞。(英格兰，女)

117

我完成了作业，请老师检查，看看我是否还能提高，但她却说"不行"，因为她要处理犯错误的学生。(英格兰，男)

一些老师对学生的态度取决于他们的分数。(日本，男)

学校老师会对分数低的学生施加压力，对分数高的学生进行表扬。(日本，男)

对待分数高和分数低的学生，老师的态度有很大的不同。(日本，男)

　　一名学生扔椅子砸到我的头，我缝了八针。他被停学两天。我以前咒骂老师，却被停学一周。（英格兰，性别未知）

　　学生的大多数描述都是关于行为、奖励和惩罚的，偶尔也有描述是关于学业上的教与学问题的。在更好的学校上学的学生，似乎会更多地谈到在教学中感受到的不公正，更少谈到班级管理和行为问题。以下一名学生的回答就体现了这一点：

118

　　两个班完成同样的一份英语作业，其中一个班比另一个班得到了更多的稿纸。这就是不公正的，因为有一个班获得了更多的帮助。（英格兰，女）

　　虽然我们得到的描述大多数都是关于教室内的不平等对待，但也有关于校内学生间紧张关系的描述：

　　波兰学生在学校打架不会受到责备，但我们英国学生就会。我们被指责是种族主义者，这是不公正的。他们应该去上自己的学校，决不允许来上我们的学校。（英格兰，男）

不同类型学校的学生的看法

　　我们的英国合作机构收集和整理了大量关于他们的样本学校特征的官方数据。利用这些数据，我们将学校分为学生在学业成绩上较好和较差的学校。成绩较好的学校指在英国普通中等教育证书（GSCE）考试中，有超过70％的学生获得了5个或5个以上A—C成绩的学校，而成绩较差的学校是指在该考试中少于70％的学生获得A—C或与此同等水平成绩的学校。统计结果发现中间数约为70％。GCSE是一种统一考试，参加考试的学生在当学年的入学年龄为15岁。所有其他的资格考试成绩由英国儿童、学校及家庭部转换成GCSE中相对应的成绩。

　　父母至少有一人从事专业职业的学生中，仅有约四分之一的人在教学成绩较差的学校上学,而工人阶层的孩子约有一半都在这样的学校上学。然而,虽然这些学生在两种不同类型的学校上学,但他们关于公正的经历、关于公正的学校和社会问题的反馈却没有显著的差异。这种不大的差别或许是因为用成绩分类的方法不敏感。但这个调查结果仍然很重要,因为它与第十章的其他调查结果一样,显示了正义经历不受学校类型的影响。

119　　学生观点的一个小差异体现在他们对于一个情境(见前文)所做出的反馈上:在教学成绩较好的学校上学的学生更倾向于认为老师给需要的学生提供额外帮助是公正的。在教学成绩较差的学校上学的学生更多地认为老师应当在所有学生身上花费相同的时间。这正与我们在第七章曾谈到的观点相一致:在学生类型较趋同的教学环境下,学生对于老师给需要的学生提供额外的帮助表现出更大的支持。在这种情况下,额外帮助对于其他个体的损害很小。但在学生混合度很高的教学环境中,既有能力很高的学生,也有学习上面临严重困难的学生,那么额外帮助对于其他个体的损害就较大。

接下来,我们按照学生的贫困程度来对学校进行分类。家庭是否贫困的判断标准为是否拥有获得免费校餐的资格,这在英国是常用的贫困标准。有超过9％的学生享受免费校餐的学校被认为是贫困度高的学校(9％即为样本的中间数)。享受免费校餐的学生少于9％的学校被认为是贫困度低的学校。

父母至少有一人从事专业性职业的学生中,约四分之一在贫困度高的学校上学,而来自工人阶层的学生中,约一半在该类型的学校上学。结果再次显示,在两种不同类型的学校上学的学生关于公平问题的反馈几乎没有差别。在贫困度高的学校,略微较少的学生认为他们的学校经历是公正的,其中有24％的学生强烈反对"学校是公正的"的说法,而贫困度低的学校只有18％的学生反对这一观点。

最后,我们按照学校招收11学生时的自主性等级将学校进行分类。根据招生的自主性等级,英格兰的学校大体上可分为选拔性高的学校和选拔性低的学校。样本学校中,拥有一定招生自主性的学校包括独立学校或私立学校(independent school)、基金学校(foundation school)以及受津贴民办学校(voluntary-aided school)。缺乏招生自主性的学校包括社区学校(综合学校)(community school)和受监管津贴学校(voluntary-cotrolled school)。我们再一次发现,在这些不同类型的学校上学的学生,他们的观点差异也很小。在独立学校受教育的学生中,略多的人认为老师花费更多的时间帮助学习有困难的学生是公正的(见上文)。

学生之间的互动

与"老师如何对待自己"相比,不同学生群体对于"其他学生如何对待自己"这个问题的反馈差异要更大一些。但大多数与背景特征相关指标的调查结果几乎都没有什么差别。关于是否被孤立、被霸凌、东西被偷、有好朋友、有移民或成绩差的朋友等问题,不同家庭背景的学生,或是成绩差的学生,或是不同性别的学生群体的调查结果都是相同的。同师生关系调查结果一样,关于生生关系调查结果最显著的一点是,不同背景特征的学生对生生关系相关问题的回答几乎没出现分层。

对于一小部分学生来说,在学校可能会有负面的经历。约 12% 的学生感到自己被其他学生孤立,有相似比例的学生反映自己被霸凌。认为自己曾被其他学生故意伤害的人数比例略高于 12%。约四分之一的学生反映自己曾在一定程度上被其他学生故意伤害。此外,约三分之一的学生反映他们在受访当学年至少有一件物品被偷窃。如 Boulto 等(2009)的调查所述,反映了如霸凌这样严重问题的小部分学生通常与老师的关系较差。一些学生通过回答开放型问题,描述了他们被其他学生霸凌的经历:

> 我因为外貌和穿着而遭受不公正对待。他们根据我的音乐兴趣来判断我这个人,还因我有自己的信仰和权利而霸凌我。这是不对的。(英格兰,性别未知)

> 我被两个分别是八年级和九年级的女生霸凌,我告诉了老师,她们就停止了一段时间,但很快又重新开始了。她们表现很差,横行霸道出了名。我觉得她们应该被开除,因为除了我还有其他的受害者。(英格兰,女)

> 如果一大群人联合起来对付你,我认为这是不公正的,这是一种恐吓,而且这经常发生,因为学生认为这样做是可以的。(英格兰,男)

他们用一个我不喜欢的绰号叫我。别人都没有被叫绰号只有我被那样叫。（日本，男）

我有一个朋友经常打我，但他对其他人很好。这是不公正的。（日本，男）

亚洲人闯各种各样祸，还在学校里打架。如果没有他们，学校会是一个更和平、更美好的地方。当他们被责骂时，他们就说老师是种族主义者，然后就不被骂了，这不公正。（英格兰，男）

121   分数低的学生、复读一年的学生或出生后移居到被调查国的学生，更有可能反映自己被孤立或霸凌。无论是一代还是二代移民，都更有可能反映在学校里来自非被调查国的朋友。

潜在的弱势学生群体的观点

教育社会学领域有一个反复出现的主题，即一些学生会因为其社会、家庭、民族背景等因素被划分为某些特殊群体，而他们在校的学业往往较不成功。就总体而言，这些学生通常来自较不富裕的家庭，或是有失业状况或工资水平较低的家庭，又或是刚迁移到现居住国的家庭。在此，我们想要关注的是这种学业上的不平等会在何种程度上出现在老师、其他成人和同学对他们的对待上。我们没有收集到日本学生的背景信息，因此这些讨论大体上只涉及其他五个欧洲国家。

如第六章所述，对于大多数参与此次调查的学生而言，他们受访时接受教育的国家即是他们的出生国。然而，各国约有 5%（比利时为 9%）的学生确认自己在国外出生。我们的调查结果发现，出生后移民到被调查国的学生与在本国出生的学生相比，他们的经历总体上有些不同，有时还会更加积极。比如，在比利时，出生后移民到该国的学生中，有 54% 的人同意学校总体上是一个公正的地方。而在所有比利时学生中，只有 51% 的人同意这个说法。的确，出生后移民到被调查国的学生在某些方面更加积极。在捷克,移民到该国的学生中有 46％认为自己被老师公正地对待,而所有捷克学生中仅有 29％的人这样认为。相似地,非捷克出生的学生更倾向于认为他们在学校的分数和惩罚是公正的、他们的老师尊重他们的观点、关心他们的幸福感,而且他们更不容易觉得他们的老师偏爱某些学生,尽管捷克的新移民学生反映他们喜欢与别人合作或在学校有好朋友的可能性较低。意大利的移民学生也更会同意自己被同学孤立的说法。出生后移民到各被调查国的学生更倾向于与同样是移民的学生交朋友,这也在预料之中。比如,法国的移民学生中有 83％的人说他们有来自其他国家的朋友,而所有法国学生中只有 65％的人有来自其他国家的朋友。调查国几乎都有这种倾向。类似地,对于"移民应享有平等的权利"这一说法,在国外出生的学生对其的支持率远高于本国学生。同时,在国外出生的学生一般不太可能同意移民应采纳"我们的生活方式"的说法。关于对政府的信任、何种程度的撒谎和打人是可以被接受的这些问题,移民学生的观点与其他学生是相似的。

参与本项调查的学生中,近 20％的人在家中使用的语言与在学校和本次调查中使用的语言不同。捷克这一比例最低,为 7％,法国最高,近 30％。这些说两种语言的学生可能在被调查国出生,但他们在校外的文化经历与其他学生可能会有些不同。考察他们对于公正的看法,可以为我们提供一些稍微不同的视角去看待他们的经历。调查结果再次显示,这一学生群体的经历总体上是非常相似的,而且比所有学生还略微更积极一些。比如,在家中不使用英语的英国学生中,52％的人同意学校是一个公正的地方,而所有英国学生中只有 46％的人同意该说法。捷克的调查结果有些不同。在捷克,使用双语的学生与其他学生所反映的经历有所不同。使用双语的捷克学生中有 42％的人认为学校是一个公正的地方,而所有学生中有 52％的人同意此观点。但是,在家不使用捷克语的捷克学生人数是很少的,因此这个调查结果需要谨慎看待。使用双语的学生在看待父母和社会对他们的公正对待时,他们的观点在许多方面与所有样本学生的观点的调查结果是相似的。与全体英格兰学生相比,在家不使用英语的英国学生更加赞同英国的移民应享有平等的权利,更不赞同移民需要按英国的生活方式生活。

调查结果还发现,父母出生在孩子现受教育国家的学生比例在比利时最高,约占 30％,捷克和意大利最低,少于 10％(见第六章)。父母或父母一方在国外出生的学生群体与样本中的其他学生的反馈几乎没有差异。比如，在比利时，母亲在国外出生的学生中有 53％的人同意学校总体上是一个公正的地方，而父亲在国外出生的学生中有 51％的人同意此观点。这与比利时全体受访学生的调查结果是相似的。在比利时、法国，尤其是意大利，这一学生群体关于移民的看法与自身就在国外出生的学生群体的看法调查结果是相似的。

在各国的样本学生中，父亲没有工作的学生比例较小，约占 3％。而父亲可能从事被认为社会地位相对较低的"工人阶层"工作的学生比例在各国则有所不同，捷克和法国最高，约占样本学生的一半，英格兰最低，不到 20％。母亲没有工作的比例较高，而母亲从事工人阶层工作的比例相比父亲较低。这种情况在各国都比较相似。我们的分析结果表明，对于父母从事社会地位较低的工作或父母没有工作的学生关于公正的看法与样本全体学生的调查结果几乎没有差异。差异基本存在于少数父亲没有工作的学生和其他学生之间。前者所反映的学校经历更加消极。比如，比利时的该学生群体中约三分之一的人同意学校是一个公正的地方，而比利时全体学生中有超过一半的人同意此观点。英国的不同学生群体对于这些问题的看法差异则更大。在所有被调查国，父亲没有工作的学生与全体样本学生相比，他们与自己家庭成员的关系似乎较为消极。比如，在父亲没有工作的比利时学生中，有 56％的人同意"父母会与他们谈论学校生活"这一说法，而比利时的全体样本学生中，有 78％的人同意该说法。然而，仅有 4％的比利时学生告诉我们他们的父亲没有工作，因此上述结果同样需要谨慎看待。我们还询问了学生他们的父母是否上过大学。父母至少一方没有接受过高等教育的学生与其他学生群体的反馈差异很小。

我们还请学生评估了他们在学校通常得到的分数是"高分"、"平均分"或"低分"。大约有 12％的样本学生反映他们的分数通常较低，捷克和英格兰该学生群体分别占各样本总体人数的 6％，法国占比为 18％。在五个欧洲国家中，反映自己得分较低的学生更不可能同意"相信老师公正地对待自己"这一说法。比如，英格兰低分学生中仅有 38％的人同意上述说法，而英国全体样本学生中有 60％的人同意该说法。然而，在各国，低分学生中认为"老师实际上公正地对待自己"的比例与样本中的其他学生群体的比例相同。认为自己常得低分的学生更不太可能认为他们的分数反映了自己的努力和作业的质量。这一点或许是可以理解的。他们还倾向于认为老师对勤奋的学

生最好以及老师偏爱某些学生。在所有调查国,低分学生群体反映老师更容易冲他们 124
发火、更不尊重他们的观点以及更不愿给予需要的学生帮助。所以这些学生更倾向于
承认自己容易感到沮丧。

我们掌握了大部分英国样本学生国家课程九年级考试的成绩信息,因此我们可以
考察真正在学业上不那么成功的学生的观点。我们主要调查了在英语考试中,成绩为
第四等级或以下的学生。实际成绩较差的学生群体更不认同"学校是一个公正的地
方"的说法,而倾向于同意"上学对他们来说是浪费时间"的说法。然而,他们至少与其
他学生一样会认为"老师公正地对待自己"——他们中有 44％的学生同意该说法,英
国全体样本学生中有 40％。类似地,实际成绩较差的英国学生群体并不认为老师更
容易在班上冲自己发火,而是认为老师同样鼓励他们有自己的想法,并公正地打分。
另一方面,他们中认为自己与老师相处较好的学生比例相对较低,约占 55％,而所有
英国学生中同意该说法的人占 63％。该学生群体中认为老师关心他们的幸福感的比
例也相对较低。在大多数其他问题上,实际成绩较差的学生群体与其他学生之间几乎
没有差异。

虽然反映自己没有工作意愿的学生数量相对较少,但这类学生对于学校和自己被
对待的方式确实持较负面的观点。比如,法国的这类学生中,仅约四分之一的人认同
学校是一个公正的地方,而所有法国学生中,几乎一半的人都同意该说法。然而,法国
的学生样本中总共只有 38 名学生没有工作愿望,所以看待这些调查结果需要非常谨
慎。与其他国家相比,意大利缺乏工作愿望的学生比例最高。但实际上,他们的观点
与其他意大利学生观点的调查结果几乎没有差异。因此,这或许并不是一个具有重要
意义的问题(但第十章有不同结论)。

在一些指标上,男生反映的在校负面经历比女生略多。比如,法国男生中,42％的
人认为自己被老师公正地对待,而女生中的这一比例为 52％。相似地,在捷克有三分
之二的男生认为自己与老师相处很好,而女生中有近 80％的人都认为自己与老师相
处很好。在这几个被调查国中,男生中同意以下观点的比例均比女生略高:勤奋的学
生受到了更好的对待;上学是浪费时间;老师对待自己的方式与对待别人的方式有些
不同。然而,男女生之间关于"在校老师是如何对待自己和其他同学"的观点差异并不
大,但各国间的调查结果不太相同。比如,有相似比例的男生和女生认为:学校是一 125

个公正的地方;老师尊重他们的观点;老师关心他们的幸福感。关于生生关系的问题,男生和女生的经历调查结果则有些不同。比如,在法国,反映自己曾受霸凌的男生比女生更多;捷克有更多的男生反映自己有物品被偷;各国都有更多的男生说自己曾被其他学生故意伤害。与女生相比,男生的经历或许更加暴力。各国学生对于"说谎或打人是否可以被接受"的反馈也再次证明了这一结论。男生更倾向于认为说谎和暴力是可接受的,其中关于"打人"的问题,男女生之间的差异尤其显著。关于与父母的关系以及对政府的信任程度问题,男生和女生观点的调查结果是相似的。

对校内正义的看法

在所有学生中有一个被广泛认同的观点,即老师应平等地尊重所有学生、重视学生的观点并注意不羞辱任何一名学生。在大多数学生看来,老师讲解一个新问题时应确保所有学生都理解(正义的最低标准之一)。如果老师根据学生的努力和作业质量而有区别地对待学生或老师对应受表扬的学生进行表扬(以能力为基础的正义标准),学生对此没有异议。然而,总体上来说,他们不太接受老师对勤奋的学生最好。

我们还分析了学生是否觉得自己被公正对待的同时,其他同学遭受了不公正的对待。这是一个非常有趣的数据分析视角。而我们的数据表明,学生认为自己的经历与其他学生的经历大体上没有差异,且各国的情况都比较相似。总体来说,学生所反映的自己的经历与其他学生的经历是相同的。当然,学生在回答这些问题的时候,有可能没有仔细阅读这些问题,和/或没有对自己的经历和其他学生的经历进行区分,所以我们应该谨慎地对待上述调查结果。

关于在校的作业得分,学生的实际经历与其理想状态之间有很紧密的联系(表8.4)。学生认为分数应反映作业的质量,且个体学生与整体学生的经历以及学生理想的学校大体上是相同的。学生同意老师可以根据学生的努力和作业质量给作业打分,但这与勤奋的学生一般会受到偏爱不同。学生都经历过老师偏爱勤奋的学生,他们也普遍反对老师的这种做法(同见表8.4)。接受本次调查的学生反映,勤奋的学生通常受到最好的对待。同样清楚的是,他们认为情况不该如此。老师在打分时看重努力是合理的,但他们似乎在其他的很多情况下也会优待努力的学生,而在这些情况下,努力不应作为获得优待的理由。比如对所有学生的尊重问题。从表8.4中,我们可以看出,学生所反映的自己受老师尊重的情况与其他学生受尊重的情况总体是相似的,但与他们理想的状态之间仍有较大差距。尊重学生是正义的通用原则,而对努力的嘉奖则应视情况而定。"老师解释问题"的调查结果几乎完全相同。学生观点的实际受尊重程度与他们期待受到尊重的程度之间有着巨大的差距。意料之中的是,学生也强烈地认为老师应确保每一名学生都能理解某个问题,但他们所反映的经历表明事实并非总是如此。每一名学生都有理解的权利,这是正义的通用原则之一,但学生反映老师并没有确保他们的这项权利。

127

表8.4 在校受到实际对待与期待对待的比较,同意以下说法的学生百分比

学生的分数应该反映他们作业的质量	71
我的分数通常能反映我作业的质量	63
学生得到了他们应得的分数	52
学生的分数应该反映他们所付出的努力	68
我的分数通常能反映我所付出的努力	63
努力的学生通常最受优待	79
老师应对努力的学生最好	27
即使出现分歧,老师也应尊重学生的观点	87
即使我与老师出现分歧,老师也会尊重我的观点	42
即使出现分歧,老师也会尊重学生的观点	41
老师应耐心讲解直到所有学生理解	82
老师会就某个问题耐心讲解,直到我理解	48
老师会就某个问题耐心讲解,直到所有学生理解	45

虽然总体而言,关于以上问题,意大利学生的调查结果相对比较积极,而捷克的调查结果较为消极,但六个国家的情况还是非常相似的。

学校和家庭经历都比较积极的学生更倾向于认同以能力为基础的正义原则,即分数应反映作业的质量(表8.5)。我们发现,关于"分数应反映努力"以及"老师应表扬应受表扬的学生"这两大正义原则的调查结果十分相似,但并不完全相同。这里体现

出来的差异较小,但却比较一致。在此表及下文其他的表格中,调查结果均用胜算比(odds)来呈现。比值 2.00 表示,拥有表 8.5 中任意一行所描述的经历的学生中,同意右栏所列正义原则的人数比例是无此项经历学生中同意该原则的比例的两倍。比值 0.50 表示,有某项经历的学生中,同意右栏原则的比例是无此项经历的学生中同意该原则的比例的一半。因此学校和家庭经历都比较积极的学生,如受到尊重的学生,在某种程度上更倾向于同意"分数应反映作业的质量"。表格右栏中的原则是学生广泛认同的,表示不认同的人数较少,因此表格中的该比值均偏小。然而,有趣的是,拥有该原则所述经历的人更倾向于认同该原则。所以大多数学生希望老师公正打分,而且这一倾向在反映有此经历的学生中更为明显。

表8.5 同意关于分数的正义原则的学生胜算比

	学生的分数应反映作业的质量
父母关心我的身心健康	1.25
我的分数通常能反映我作业的质量	1.22
学生得到了他们应得的分数	1.17
我的分数通常反映了我所付出的努力	1.17
我的父母会和我谈论学校	1.17
通常获得高分而非低分	1.15
学校是一个公正的地方	1.14
老师尊重学生的观点	1.14
老师对需要帮助的学生给予更多的帮助	1.14

注:本表以胜算比体现调查结果。如第一个数值 1.25 表示,反映"父母关心我的身心健康"的学生中,同意"学生的分数应反映作业的质量"的学生比例是反映"父母不关心我的身心健康"学生中同意该原则的比例的 1.25 倍。

表 8.6 和 8.7 证实了,学校经历较积极的学生对于包容、尊重需求(以及不羞辱)等原则更加支持。而经历较消极的学生,如被其他同学伤害过的学生,则更反对这些原则。这个结果似乎出人意料,因为人们会认为遭受了不正义的学生应该更能体会正义的重要性。然而,事实正与之相反。正面的经历确实会产生一些正面的影响,负面的经历则可能产生负面的影响。曾与移民学生一起上学或交朋友的学生更倾向于认

为学校应同时招收本国学生和移民学生。

表 8.6　同意关于学校混合的通用正义原则的学生胜算比

	学校是学生可以合作的地方
我在学校有好朋友	1.23
我有来自非本国的朋友	1.23
我的父母关心我的幸福感	1.19
老师对需要帮助的学生给予更多的帮助	1.18
老师尊重学生的观点	1.14
上学是浪费时间	0.86
我被其他同学故意伤害	0.77

表 8.7　同意关于尊重的通用正义原则的学生胜算比

	老师应尊重学生的观点	老师不应羞辱学生
老师耐心讲解直到所有学生理解	—	1.24
我的父母尊重我的观点	1.20	1.13
我在学校有好朋友	1.16	1.15
我的父母关心我的幸福感	1.15	—
老师尊重学生的观点	1.14	—

　　曾经历过老师给予其他同学额外帮助的学生,在第七章呈现的小情境中更支持老师提供额外的帮助(胜算比为 1.16)。被其他同学故意伤害的学生更不愿老师提供额外的帮助(胜算比为 0.83)。有趣的是,在校成绩好且被霸凌或伤害过的学生更支持老师多关注班上行为差的学生(胜算比为 1.26),而较不支持老师多关注学习上有困难的学生(胜算比为 0.83)。因为成绩好是一个相对的概念,所以这也进一步证实了在学生成绩较相当的教学环境中,老师在给予某些学生额外帮助的时候,不易影响其他同学的学习进度。

　　总之,积极的学校和家庭经历更能帮助学生建立起积极的正义原则,他们会更懂得宽容、分享和包容。而消极的学习经历则有些出人意料,有这样经历的学生会更加容忍和默许学校的非正义现象。

与父母和更广泛社会相关的经历

学生总体上都反映他们与父母的关系良好。正如 Raty 等（2009）的研究所示，我们的一项调查范围更大的研究反映出，六个国家的父母基本都关心并支持孩子的教育。父母比老师更加尊重学生的观点，且会与学生谈论学校、朋友和兴趣。虽然我们要求学生提供他们经历的一些不公正对待的事例，包括在学校内或其他地方，但他们绝大多数的描述都与校内经历相关。这也许并不让人意外，因为问卷的前面部分主要关注的是学校经历。有少数学生描述了他们与家庭成员的关系，而他们的关注点通常是惩罚分配的不一致：

> 我在家没做错任何事，只不过把书包随意扔在了地板上，我妈妈就因此事吼了我，但其他人做了同样的事却不会被吼。（英格兰，男）

> 我弟弟虽然比我小三岁，但他从父母那里得到的钱却和我的一样多。然后他就把钱浪费了。（日本，女）

130

> 我的妹妹做错了事，我会责骂她，然后我们就会产生争吵。但我的父母却说是我的错。这不公正。虽然她是我的妹妹，比我小，但她是引起争吵的人，却比我受到较少的责骂，这不公正。（日本，男）

从这小部分样本来看，他们所运用的正义标准与在校内运用的正义标准是一致的，学生反对的不是这样的惩罚。惩罚对一些人来说是稀松平常的事。他们反对的是惩罚分配的不一致以及明显的偏爱。我们无法通过数据判断出受访者对惩罚分配不一致的广泛感受是否合理，也无法判断出受访者受到的惩罚是否真的比别人的惩罚更为痛苦。然而，我们应注意到的是，在学校背景下，学生所反映的自身经历和他人经历差异很小（见上文）。如果我们假设受访学生都充分注意到了问题在措辞上的不同，这就意味着他们感受到的这些不公正都是有理由的。

学生与父母的关系和他们反映的各种在校经历之间的相关性是一致的。在此,我们用胜算比来体现这种相关性。这里的胜算比表示:亲子关系良好的学生比例除以反映与老师相关经历的其他学生的比例所得的值。得出的胜算比大小不一,小的接近于1,大的接近于2或0.5,但所有这些值都指向同一个方向。反映得到父母尊重关心的学生,较多反映其学校经历以及与老师相关的经历通常更加积极(表8.8)。

表8.8　有积极经历的学生中同意关于他们与父母关系的说法的学生胜算比

	关心我的幸福感	尊重我的观点	与我谈论我的兴趣	与我谈论学校
老师关心我的幸福感	1.78	—	1.40	1.45
学校是一个公正的地方	1.77	1.32	—	1.46
老师耐心讲解直到所有学生理解	1.58	1.25	1.31	1.40
我一直被老师公正地对待	1.57	1.26	1.26	1.27
我信任我的老师	1.55	1.31	1.34	1.42
老师尊重学生的观点	1.54	1.53	1.29	1.38
老师对需要帮助的学生给予更多的帮助	1.49	1.25	1.23	1.30
老师公正地惩罚不良行为	1.47	1.29	1.31	1.44
老师耐心讲解直到我理解	1.47	1.24	1.21	1.27
老师曾冲我发火	1.45	—	1.24	1.22
老师尊重我的观点	1.42	1.47	1.25	1.32
学生得到了他们应得的分数	1.42	1.25	—	1.25
我的分数通常能反映我作业的质量	1.35	1.19	1.23	—
我与我的老师相处很好	1.34		1.25	1.28
老师对我不比对别人好,也不比对别人差	1.33	1.23	—	1.21
我的分数通常能反映我付出的努力	1.30	1.22	1.22	1.27
我喜欢与其他同学合作	1.21	—	1.21	1.23

与父母关系好的学生较少反映与其他学生相关的负面经历,如被霸凌等(表8.9)。我们将在第十章以大致的时间顺序用这些相关事件建立模型,考察这些关联是否是受父母或背景因素的影响,或者存在某种其他类型的关联。

表8.9 有消极经历的学生中同意关于他们与父母关系的说法的学生胜算比

	关心我的幸福感	尊重我的观点	与我谈论我的兴趣	与我谈论学校
我容易感到气馁	0.63	—	—	—
我被其他同学孤立	0.56	—	—	—
我被故意伤害	0.55	0.65	—	—
我觉得自己被其他学生无视	0.54	—	—	—
我遭受了其他同学的霸凌	0.53	—	—	—
上学是浪费时间	0.47	—	0.54	0.47

注释：有"—"标记的单元格表示该数据与1非常相近，通常在0.8—1.2之间。

关于家庭以外的社会，学生的描述很好地诠释了遭受校外成年人的不公正对待时他们的感受是怎样的。从他们的描述中，我们可以看到不同的国家和文化之间呈现出有趣的相似性：

> 在校外的商店、餐厅以及大多数公共场所，如果我和一群同龄人在一起，我会受到不公正对待。（英格兰，性别未知）

> 132 我觉得人们因为认为某些年龄（如16岁以下）的人不可信，而不允许他们进入一些商店是不公正的。我成熟可靠，我觉得他们应该允许我到我想去的商店购物。（英格兰，性别未知）

> 我骑着车，从一位中老年妇女身边经过。她追赶过来，并开始对着我和我的兄弟大骂。她根本不了解我的为人和学习成绩，这样骂我，我觉得她非常不尊重人。她可以把事情说清楚，这样或许我会向她道歉。她在这件事中极其地粗鲁和无礼。（英格兰，女）

> 有些年纪大的人认为所有青少年都是小混混，这是不公正的。因为是青少年并不是我们的错，而且并不是所有的青少年都是一样的。（英格兰，男）

在城里发传单的人不会发给我们，因为他们觉得我们是小孩子。商店的店员也不会像问候成年顾客一样问候我们。（日本，女）

乘坐公交车和轨道交通时，初中生的车费比小学生的贵。但我们在车上所需的空间几乎是一样的。（日本，女）

日本学生的描述尤其是与英国学生相比时有明显不同。他们的描述更多地涉及政府在公共生活中的角色，以及其对社会的广泛影响：

133

世上的穷人和富人之间有很大的差距。很奇怪，一些人生活都很困难，而一些人却把钱花在愚蠢的东西上。（日本，女）

对于社会正义的看法

学生的背景特征和学校经历与他们对于公民资格、伦理道德以及正义在课堂外生活中的作用的看法有什么关系？对于这些问题，我们在第七章已经对总体和各国学生的反馈分别进行了讨论。除了国别因素，性别是唯一会在如下问题上引发差异的背景因素。认同"如果别人侮辱你最好的朋友，那么你可以打他"的男生比例是女生比例的1.78倍。我们未能发现造成这一调查结果的原因，尽管男生在学校也更容易受到伤害。与上文相同，如果家长更关心学生，学生会更倾向于（约1.25倍）信任他们的政府和大多数人，更不倾向于（约0.7倍）认为可以通过撒谎来逃避惩罚、可以殴打他人，以及移民应采纳当地的生活方式。这是受到了父母的直接影响（如备受父母关爱的学生更愿意选择信任），还是只是隐藏的情境效应？这些问题将在第十章讨论。

反映希望受教育之后从事专业职业的学生有不同的学校经历，对学校也持不同态度。学习成绩好的学生最想要从事专业职业（55%），成绩一般的学生居中（47%），成绩差的学生最不愿从事专业职业（35%）。这一结果或许并不令人意外。希望从事专业职业的学生在学校更可能有好朋友（1.2），不太可能被霸凌（0.78）或认为上学是浪费时间（0.67）。

在校经历与学生对他人的信任感普遍都关联紧密。认为学校公正、老师公正的学生中,信任他们的政府及大多数人的比例是其他学生的 2 倍。学生的学校经历似乎会影响他们对于社会状况的认知。如果事实如此,那么老师、领导者和政策制定者都肩负着直接的责任,去帮助学生形成积极且合理的批判性思维。需要注意的是,这根本上不是一个教学或课程的问题。学生通过他们的学校生活了解社会的面貌。简言之,如果学生在学校不被信任,老师不按学生广泛认同的正义原则行事,那么只是公然教导学生信任他人是没有意义的。我们将在第十章进一步探究这个问题。

表 8.10　同意关于信任的说法的学生胜算比

	我信任我的政府	大多数人是可信的
我信任我的老师	1.82	1.71
学校是一个公正的地方	1.81	1.64
老师尊重学生的观点	1.70	1.38
老师公正地惩罚不良行为	1.69	1.38
老师对需要帮助的学生给予更多的帮助	1.67	—
所有学生受到相同的对待	1.60	1.67
我在学校有好朋友	—	1.58
学生得到了他们应得的分数	1.57	1.47
我与我的老师相处很好	1.55	1.50
老师尊重我的观点	1.54	—
我一直被老师公正地对待	1.54	—
老师耐心讲解直到所有学生理解	1.52	1.38
老师对我不比对别人好,也不比对别人差	1.52	—
老师耐心讲解直到我理解	1.46	—
我喜欢与其他同学合作	1.43	1.75
我的分数通常能反映我作业的质量	1.38	—
老师关心我的幸福感	1.38	1.44
我的分数通常能反映我付出的努力	1.32	—
上学是浪费时间	0.68	—

认同移民应享有平等的权利或应入乡随俗的学生与其他学生在经历上没有什么不同。一些学生有条件地认同学生在受到侮辱时"可以"（在英文问卷中使用"ok"一词）殴打他人或通过撒谎逃避惩罚。这些学生与其他学生在过往经历上有很大的不同（表8.11）。在校有严重的负面经历，如被故意伤害或遭到老师长期但不太严重的非正义对待的学生，他们对于打人和撒谎表示极大程度地包容甚至是支持。

135

表8.11 有消极经历的学生中同意关于撒谎和打人的说法的学生胜算比

	可以打人	可以撒谎
上学是浪费时间	2.07	2.08
老师冲我发火	1.65	1.36
老师有最喜爱的学生	1.61	1.67
努力的学生最受优待	1.54	1.72
我觉得自己被大多数老师无视	—	1.52
一些学生受到的惩罚比其他学生更严重	1.48	1.63
我被其他同学故意伤害	1.29	1.38

积极的学校经历和师生关系意味着对暴力和欺骗较低的认同度，而负面的经历往往带来传统上更加"负面"的观点（表8.12）。这些积极的经历几乎都只与老师和他们在学校日常生活中（如讲解问题和与学生相处时）运用的正义原则有关。我们有理由认为，老师要在降低学生对于暴力和欺骗的认同中发挥作用，但仅仅靠向学生灌输这种观念或是在工作中展现老师关于暴力的观点是不够的。大多数国家都已经废除了体罚。老师只需要在日常的教学行为中，让学生明白一个公正的世界是可能存在的，就能促使学生对于社会问题有更加积极的看法。

136

表8.12 有积极经历的学生中同意关于撒谎和打人的说法的学生胜算比

	可以打人	可以撒谎
老师对我不比对别人好，也不比对别人差	0.76	0.71
老师耐心讲解直到我理解	0.76	—
老师对需要帮助的学生给予更多的帮助	0.74	—

续 表

	可以打人	可以撒谎
我信任我的老师	0.72	0.59
老师尊重学生的观点	0.72	0.72
我一直被老师公正地对待	0.70	0.65
老师公正地惩罚不良行为	0.69	0.65
我与我的老师相处很好	0.66	0.58
学校是一个公正的地方	0.64	0.63
学生得到了他们应得的分数	—	0.73
老师耐心讲解直到所有学生理解	—	0.72
老师以相同的方式对待所有学生	—	0.66

我们请学生提供一些他们自身遭受不公正对待的事例时,一些学生描述了他们因为自身肤色而在校内外受到不公正对待的例子:

> 我被我的法国老师种族歧视,还曾因为我的肤色不同被警察拦下并被搜身。我因为自己的外表未能入选足球队。(英格兰,男)

> 我被一名警察种族虐待,他这是违法的。他说我应该回到自己的国家,还说我是棕种人。我觉得这是极大的侮辱。(英格兰,男)

穆斯林学生是一个备受瞩目的少数学生群体,他们通常是新移民。那么他们的校园生活是怎样的呢?

来自穆斯林人口较多国家的新移民

穆斯林学生的教育是当前欧盟以及其他地方非常关注的问题。这些穆斯林学生大都不是当地居民皈依的穆斯林，而是在几次移民潮中移民到此的。我们在预研究中列入了一个关于学生家庭宗教信仰的问题，但并没有发现它行之有效。因此，我们在进行主要研究时并不了解这些学生的宗教信仰。但简要地研究那些来自穆斯林人口高度聚集的国家的新移民的经历，仍是很有趣的。在五个欧盟国家，有 732 名学生自身或至少父母一方出生于穆斯林人口占主要优势的国家，主要是摩洛哥、阿尔及利亚、土耳其和巴基斯坦等国家。当然，这些学生中有许多并不是穆斯林。而且，有的穆斯林学生并不来自这些国家，他们或许出生于包括被调查国在内的其他国家。他们中大多数是生活在法国的二代移民（399）。捷克没有穆斯林学生。我们必须再次提到，其他四个国家的移民模式在社会和历史上都非常不同，这一点十分重要。英格兰的移民主要来自英联邦国家，包括来自肯尼亚和乌干达的职业家庭。而欧洲大陆的移民主要是来自北非、中东和最新来自东欧的移民。这可能涉及教育背景的不同。如在英格兰，来自伊斯兰国家的移民学生中，父母至少一方接受了大学教育的人占 60％。而在英国所有学生中，这一比例只有 43％。而比利时来自伊斯兰国家的移民学生中，父母至少一方拥有大学学历的人占 40％，但在所有学生中占 50％。

关于移民学生的父母与其他学生的父母对于孩子的支持和关心的调查结果没有差异。来自伊斯兰国家的新移民学生中和所有学生中，都有三分之二认为自己与老师相处得很好。在学校，来自伊斯兰国家的新移民学生与同学相处情况的调查结果和其他学生的调查结果非常相似。约 10％的学生反映在校遭到其他学生的暴力伤害，约 5％的学生曾有物品被偷窃。相似地，新移民中认为自己被其他学生孤立（约 10％）和无视（约 7％）的比例也与其他学生中的比例相似。大多数新移民学生在校有好朋友（超过 90％），而且一般都喜欢与他人一起学习（75％）。来自伊斯兰国家的移民学生更频繁（78％ vs. 56％）地反映说，他们拥有同为新移民身份的朋友，这或许反映了他们就读学校的学生构成或他们居住的地区特点。在比利时、意大利和英格兰，关于与老师相关的公平问题，来自伊斯兰国家的移民学生和其他学生的反馈一般都是相同的。然而，在法国，分别有 27％的穆斯林学生和 20％的其他学生认同学校总体上是不公正的。

约有三分之一（32％）来自伊斯兰国家的移民学生不相信他们的老师是公正的，而其他学生的这一调查总数据较低（23％）。然而，这种差异基本都是由法国受访学生的调查结果造成的。法国分别有 41％的移民学生和 30％的其他学生不信任老师是公正的。比利时的数据分别是 31％和 27％,意大利分别是 23％和 22％。而从伊斯兰国家来英格兰的新移民学生比其他学生稍微更倾向于信任他们的老师。据调查,这些差异主要是由老师对待学生的不同造成的。移民学生比其他学生更多地反映受到老师不公正地对待,尤其是在意大利(移民学生 30％ vs. 总体学生 21％)和法国(31％ vs. 25％),而英格兰则没有差异。在比利时、意大利和法国,来自伊斯兰国家的移民学生更多地反映曾在全班同学面前被老师责骂(羞辱)——比利时(40％ vs. 32％)、意大利(36％ vs. 25％)、法国(47％ vs. 34％)。而英格兰的两者之间再次没有差异。

在我们的小型子样本中,来自伊斯兰国家的新移民学生的母亲和其他学生的母亲有着相似的职业背景,但移民学生的父亲则绝大多数都是工人阶层(约占 50％,所有学生中只占 35％)。当然,一部分原因是因为中产阶级的衰落,有时也是洲际移民模式导致的结果。正如第十章将讨论的,学生父母的地位是非常重要的——在其他条件相同的情况下,母亲或父亲的职业地位越高,孩子的职业期望就越高。因此,我们可能会猜测新移民比其他学生更缺乏职业期望。但事实却与此相反。各学生群体中表示自己根本没有工作意愿的学生比例是相同的。“根本没有工作意愿”有时被认为是移民与少数群体融合不好的“贫穷文化”中低志向的一个特征。来自伊斯兰国家的男生和女生在职业理想上也没有差异,这与其他一些声称学生的职业期望可能存在文化差异的研究结果有所不同(Heitmeyer & Legge,2008)。

学生通常对于他们的政府、除父母外的成年人和社会的信任度不高。来自伊斯兰国家的新移民学生(尤其是女生)对以上对象的信任度略高(表 8.13)。然而,法国的情况再次与诸国不同。在法国,移民学生和所有学生中分别有 38％和 25％的人不信任他们的政府。这也许与法国学校从 2005 年开始实施的备受媒体关注的一两项措施有关。比如禁止穿戴能明显体现自己宗教信仰的服饰和标志。这本来是一项平等措施,因为它基于普遍适用的平等对待原则。但至少有一些批评者认为这是不平等措施,他们无论是从个体主义的角度,还是运用另一条普遍原则——自主权,都可以对其平等性进行反驳。另一方面,这些媒体热议的问题或许反映了法国学校在少数学生群体的对待和行为规定上存在更深层次的不公平。

表 8.13　同意关于社会的说法的学生百分比

	移民学生	其他学生
来到这个国家生活的人应当享有与其他人相同的权利	84	58
与他人交往时我必须非常谨慎	81	76
移民到本国的学生应采纳本国的生活方式	39	59
政府公正地对待人民	39	34
可以打人	37	29
我信任大多数人	23	17

　　来自伊斯兰国家的新移民更倾向于认同打人是可以的,而且他们中有 39%(全体学生为 29%)的人认为可以用撒谎来逃避惩罚。根据现有数据,我们还不清楚这是因为样本太少而得到的特例还是整体的问题,或者这是否与他们的非正义经历有关。也许并不让人意外,来自伊斯兰国家的移民学生(85%)比其他学生(58%)更希望新移民能享有相同的权利。在法国和比利时,情况更是如此。绝大多数学生认为新移民应当适应新国家的生活方式,但移民学生中只有约三分之一的人同意此观点。目前这些案例至少反映了一部分穆斯林学生的观点——新移民希望拥有与其他人相同的机会和待遇。

小结

　　大部分参与此项调查的学生总体上拥有良好的师生关系,且老师公正地对待他们。教学关系也是相对积极的。多数学生认为他们的努力获得了老师公正的嘉奖,许多学生认为自己的观点获得了尊重。尽管大多数学生认为学生经历大体上是公正的,但仍有不少学生不同意此观点。并不是所有学生都觉得被老师公正对待、受到老师的尊重或老师关心他们的幸福感。如第七章所示,意大利学生的经历总体上是最积极的,而捷克的学生是最消极的。学生都明确提到的一点是,他们认为老师对待某些学生群体有所不同,而且老师的奖励和惩罚分配不一致。绝大多数学生觉得他们的老师偏爱某些学生,尤其是学习勤奋的学生。这都在他们的开放式描述中体现出来。英国学生尤其关心老师在课堂上给予学生不同程度的关注。他们在描述中谈到了各种各样的学生,从行为不良、成绩差的学生到成绩较好的学生。但他们都有一个共识,即老师应在各个方面平等对待所有学生。

来自贫困家庭的学生、新移民以及成绩较差的学生通常被认为是最弱势的学生群体。在本研究中,我们特别关注这些学生的经历。他们的学校经历可能不如其他学生的学校经历公正。在我们的采访中,当被要求举一些自己受到不公正对待的事例时,一名英国学生的回答就将这一点体现得淋漓尽致:"我个人没有。因为我是高加索民族的中产阶级,而且我英语很好。如果不是这样的话,情况可能就大不相同了。"然而,当我们仔细分析这些相对弱势的学生群体的反馈时,我们发现他们对公正对待的经历并没有明显比其他学生消极。比如,非本国或在家经历不同文化(从使用的语言来看)的学生的反馈与其他学生的反馈是相似的。从成绩方面来看,认为自己学习成绩较差的学生的学校经历较为消极。然而,对于英国的学生样本,我们可以参考他们在义务教育第三关键学段的实际成绩。研究发现,在国家课程考试中成绩等级较低(第三或第四等级)的学生,并未反映他们的学校经历比其他学生消极。

还有一些学生在主流学校之外接受教育,他们也受到了不平等但特殊的对待。那么,他们的情况又是怎样的呢?

第五部分
总结

第九章　接受非主流教育的学生经历

143

引言

　　本章将简要介绍我们针对特殊的年轻人所做的案例研究,由于其教育经历,这些年轻人可能成为社会最边缘化的群体之一。此案例研究对象为比利时法语区和英格兰的几组年轻人,因为教育、社会、医疗和情感等因素,这些学生无法和大多数年轻人一样在主流学校上学。鉴于此,了解他们是否被公平对待对我们在教育公平领域的研究有重要的意义。

　　主流学校是否接纳有特殊教育需求 Special Eplucational Needs,简称 SEN 的学生是国际研究的一个重要方向,也是政策关注的重要议题(Opp,2007;Shamir,2007;Thomas & Loxley,2007)。从社会正义的观点来看,主张全纳教育的人士认为基于教育需求分隔学生与目前基于种族隔离少数群体的非法做法没有什么不同;其他人士则指出主流教育课堂的种种局限,并主张通过特殊服务为年轻人提供量身定制的教学支持和指导(Ferguson,2008)。我们目前的处境非常矛盾。一方面,特殊学校能够提供支持和特殊教学手段,可以高效直接地解决特殊学生的需求;另一方面,这些学生被排斥在同龄人之外,这可能导致他们无法很好地为未来公民生活作准备。

　　关于全纳教育的争论一直是围绕着"特殊学生该在哪里接受教育"展开。但那些在主流学校上学的特殊教育需求学生(通常在离散组中)和那些留在特殊学校的学生,他们的教育经历又是怎样的? 这些学生群体的声音很少被听见,也很少有研究去回顾已经离开学校的这类学生群体的经历(Lewis 等,2006)。研究表明有残疾的学生完全

144

有能力参与有关自己教育经历的深度讨论,积极对其学校社区作出自己的贡献(De Schauwer 等,2009)。和他们在主流学校的同龄学生相比,记录这些残疾学生的回答困难不少(Lewis, 2004;Tangen, 2008)。尽管这类性质的研究需要提供"特殊教育需求学生"的观点,但是我们也要考虑伦理问题、调查方法以及实际操作,同时,我们也必须尊重这些学生(当然还有其他学生)保持沉默的权利。尽管很多问题经常相互关联,但是由于这些学生口头表达观点可能存在一些困难,因此不管是方法上还是观点上,调查面临的挑战都比想象中的要大(Norwich & Kelly, 2004)。

我们用来描述这些学生及他们在校经历的语言可能既复杂而敏感。例如:在英国,"handicapped"这一词已经很少用来描述残疾人,但是,其他语言材料翻译成英语时,这一说法是我们的合作机构能够理解并使用的,部分读者可能也能够理解。因此,在描述我们比利时合作机构准备的分析报告时,我们决定继续使用"handicapped"一词。我们知道在某些特定情况下,使用这一单词可能会引起不适。接下来,我们首先简要总结比利时法语区被主流学校排斥在外的特殊学生的一些观点。

比利时法语区

比利时法语区建立了一套完整的教育体系,以帮助有特殊教育需求的学生。目前,该地区提供 8 种教育形式,每种覆盖一部分特殊需求学生,包括有健康问题和学习障碍的学生,以及那些由于辍学、暴力等原因离开主流教育的学生。但是,越来越多的人意识到特殊教育需求学生需要被纳入到主流学校。这些学生由于种种原因被主流教育体系排斥在外,要想让他们有效融入主流教育,仍然面临着很多困难,包括实际操作、教学方式、社会以及心理层面的问题。

145　　　此次案例研究对象是来自 6 种不同学习环境的学生。此次数据收集使用的调查问卷在之前的学生调查问卷基础上进行了删减。我们保留了最重要的内容,并进行了修改,以保证其更加符合调查样本的学习需求。除了这份简化版调查问卷,我们还调整了数据收集方法,从而更加符合我们调查对象的实际情况(表 9.1)。参与问卷调查的学校代表了比利时法语区存在的各种学习环境。参与这次调查的 36 位学生,年龄在 14—19 岁之间。他们中大多数出生在比利时(我们实际收回了 29 位学生的数据,其中 25 位出生在比利时)。29 名学生中,7 名学生在家使用的语言不是这次调查采用的语言。

表 9.1　比利时接受特殊教育的学生样本

学习环境	学生数量	调查方式
女孩(轻度至中度智力障碍)特殊职业教育	5	缩减版调查问卷(读给学生听)+ 如果有必要,帮助他们书写 + 小组讨论
男孩(轻度至中度智力障碍)特殊职业教育	7	缩减版调查问卷(读给学生听)+ 如果有必要,帮助他们书写
针对耳聋及听力障碍学生的特殊中学教育	4	翻译成手语的缩减版调查问卷 + 如果有必要,帮助他们书写
针对落后学生的特殊中学教育	6	缩减版调查问卷(读给学生听)+ 如果有必要,帮助他们书写 + 小组讨论
针对生病或住院学生的学校 + 1 名学生住在寄宿家庭	8	老师协助填写完整版调查问卷
学校援助服务(针对不在学校的学生)	6	缩减版调查问卷 + 个体采访
学生总数量	36	—

在我们的实地访问中,和教室老师的沟通必不可少,因为这可以帮助我们调整数据收集的方式。比如,关于问卷的题目设计,大量学生不清楚"强烈同意"和"同意"、"不同意"和"强烈不同意"之间的细微区别。相比于抽象性问题,部分学生能更好地回应由事例呈现实际经历的三个情境描述。

整体而言,我们发现接受非学校教育(non-school setting)的受访者中,无人表示他们在上学时曾受到非正义对待,而是表示他们接受的特殊教育很好地满足了他们(和他们同伴)的学习需求。比如,如果这些学生不明白什么,他们的老师就会帮助他们。的确,问卷调查表中"老师会一直为我解释问题,直到我弄明白"这一项,几乎所有学生的答案都是"同意"。

有些学生有这方面的体会,他们清晰地将自己在特殊学校和普通学校的经历区分开来:在普通学校,根本就没什么正义可言,还比不上医院呢! 这可能表明这些学生

146

曾经遭受过不公平待遇，并且对此非常敏感。这一发现引起了我们的担忧。我们之前在主流学校中的调查了解到的部分故事和这有些类似。主流学校的一些学生稍微有点反对接纳某些特殊学生。如果学生经历过一段不愉快的上学体验，他们对主流教育的不公正现象将最为深恶痛绝，对主流学校也会倾向于持拒绝态度（见第八章）。

在主要样本中，我们的最后一个问题是让学生写出（或者通过其他方式）他们自己在学校、家庭或者社区中受到正义对待（或者非正义对待）的经历。对于部分学生而言，这个任务很困难，因为他们难以连贯地表达自己的想法，这个话题本身也比较敏感。"因为我不想回答。我不想分享几年前我家发生的事情。现在已经没事了。这件事发生在我叔叔身上……我不往下说了。"在受访者觉得能够回应的情况下，他们的经历和主流学校学生的经历通常大同小异，而且也没有直接反映他们的特殊情况或面临的困难，但是反映了这些学生在家、学校甚至社会上的非正义经历："我爸爸每天都喝酒，在家经常吵架"；"明明是他惹了我，结果是我受惩罚"；"比如街道清洁程度不同或因为乱停车罚款力度不同。"

147　　　虽然我们受访者数量不大，而且确实存在在普通学校处境艰难的特殊学生，但我们的调查发现，至少在比利时，人们还是对特殊教育和边缘化教育机构予以肯定，学生认为自己在这里可以得到尊重，学校也照顾到了自己的差异。

英格兰边缘化学生的经历

这一小节简要介绍我们在英格兰做的案例研究。此案例研究的受访者为66人，研究形式和在比利时的一样。研究对象为以下四组学生：

第一组：在家接受教育（来自同一家庭的三姊妹）

第二组：特殊教育需求学生，在主流学校上学（来自10所学校的43名学生）

第三组：特殊教育需求学生，在特殊学校上学（来自1所学校的4名学生）

第四组：存在情绪和行为问题，在学生收容处接受教育（16名学生）

这些年轻人很多在过去接受过主流教育，但是自身有一系列障碍，包括视力障碍、轻度至严重学习和行为障碍。有些年轻人曾经在学校成绩也相当不错。因此，根据任何单一的特征,很难从这次案例研究中得出一般性结论。在主流学校上学的年轻人情况尤其迥异,他们被纳入该案例研究对象是选择性的,所以学校之间选择的标准各不相同。这些学生的共同点是在某种程度上,他们都和大多数同伴存在差异。这些差异可能是因为他们糟糕的学校经历,导致他们被主流教育排斥在外,最终要么在家上学,要么去学生收容处;也有可能是因为他们肢体不便,行为或者学习存在困难。和比利时法语区案例研究方法一样,此次英格兰案例研究收集数据的方法也包括问卷调查和系列访问。我们为此次参与学校准备了三个不同版本的主要学校调查问卷。

下一小节将概述这次研究的主要发现。因为每组受访学生数量不大,我们将他们的反馈放在一起分析,并和参与主流研究样本的主流学校学生作对比。

148

和老师的关系

此次案例分析中的受访学生对自己接受的学校教育或其他形式教育的评价整体积极,甚至在与他们在主流学校的同龄人对比后,结果仍是如此。比如,将近一半以上的学生认为他们老师公正对待每一位学生,一半以上的学生认为老师关心他们。主要调查(main study)中,大多数学生认为他们与老师相处很好。此次调查中,大约70%的学生对这一项表示同意或者非常同意。接受特殊教育学生更倾向反映老师会一直解释某个问题,直到他们弄明白,超过60%的学生赞同这一说法;接受主流教育的学生样本中只有40%赞同这一说法。

但是,和主流学校同龄人一样,此次调查受访者中,部分学生表示:老师有时候也会对他们没那么公正。以下是受访特殊学校中某学生与调查者的一段对话:

> Mary:我曾经有一次被称为骗子。
>
> 访问员:嗯,发生在哪里?
>
> Mary:在[某个地方的]Don 的农场。
>
> 访问员:谁这样叫你?
>
> Mary:[某人的名字]这里的一员工

访问员：当时是户外活动日吗？

Mary：对，回到了学校之后，我把事情经过告诉了学校副校长和校长。结果，吃午饭的时候，她走到我这里，喊我骗子。我觉得自己当时受到了不公正待遇。

访问员：你当时感觉怎么样？

Mary：很气愤，她不应该一开始就这样说我。

从描述的非正义待遇中我们看出：他们的不满和主流学校的学生一样。比如，他们说学校要求必须穿校服，或者认为老师对待自己不平等：

学校禁止我们打四对耳洞，染头发，我觉得这不公正，这些又不影响我们学习。

某位老师老吼我，却不说其他女生，这根本不公正。要是这老师不喜欢你，他就不会公正对待你。

只有两位受访学生给出的具体事例表明了他们认为受到的不公正待遇和自身特殊教育需求有关联。

比如：我存在阅读障碍，需要帮助，但是没人帮我。

下面这段访问的受访对象是一名在家上学，存在视力障碍的学生：

A：[受访者之前就读的学校]我在这里因为视力障碍，没有得到公平待遇……我觉得自己不喜欢待在学校……如果我被公正对待的话，我会很开心，但是如果我受到了非公正对待，我就会很难过……

访问员：别人做了什么，让你觉得没有被公正对待？

A：我知道，如果自己眼睛没问题，老师对我肯定和其他学生一样。但是我眼睛有问题，老师对我不一样，我马上就能感觉出来。有些时候老师对我还可以，但大多数时候是不公平的。

本次案例研究有三位受访者来自一个家庭，她们在家接受教育，背景也和其他受访学生有些不太一样。这三姊妹在问卷调查中父母职业一项给出的答案表明他们来自职业家庭,但是其他学生 100% 是来自工薪家庭,父母都是工薪一族。这三姐妹最初在学校上学时经常不开心,而且老被霸凌,后来就在家接受了一段时间的教育,现在在学校状态比较稳定,心情也不错。她们在家待了两年半,接受家庭式教育,大概 1 年半前才重新回学校上学。在对这些年轻学生的访问中,我们很明显看出受访学生不仅在意与同龄人的关系、老师处理纪律问题的方式,他们还在乎老师在学术作业方面是否公正对待他们:

150

> 我一直希望我学校的同学思考方式和我一样,但是又有自己的观点,这样我们可以用英语一起讨论这些不同的观点或其他事情。可是我这个愿望却得不到实现。学校大多数人都是移民,文化和我们不同。他们的英语都不太好,所以老师每次上英语课都很麻烦。要是用了一个对他们稍微高级一点的英语表达,老师需要花 5 分钟的时间解释它的意思。所以,我通常都不会用些大词表达自己的观点,但写书面作业时,我会用这些词语。老师改作业时,发现我比课堂表现好太多,就会感到很惊讶……他就会想:"我是不是作弊了? 或者我是不是一直查字典? 还是我从网上或者哥哥姐姐那里抄来的?"如果老师不了解你的实际情况,误解你,你会很生气的。我不想在班上让别人觉得我在炫耀,就好像自己是一个上等阶层的白人女孩,知道些单词很了不起……我不想让同学们觉得我烦,但是我却让自己陷入这种困境。

又比如课程作业上交的截止日期:

> 如果在家上学,你可以自己安排事情先后顺序,但是在学校,一切都是按规章和日程办事,你很难自己去安排事情先后顺序,作业有截止日期,还要上课等各种事情。有一年,我们有科学课程作业要交,但是必须在学校做完,因为有人带回家做会上网作弊……这就很麻烦,因为英语老师让我们先做完英语作业,但科学作业明天就要交,又不能带回家写。如果学校能把截止日期放在几周时间内,确定好每门学科作业的截止日期,而不是每个老师规定截止日期,这样的话,学生们就

可以安排作业完成的先后顺序了，压力就不会那么大了。截止日期很重要，但是经常被老师改动……明明说好了是周五，但是后来又改了，我还是不知道该先做哪门……

151

访问员：截止日期有用吗？

没什么用，因为老变动……比如英语作业我总是按时交了作业，但是我得等到截止日期之后才可以得到反馈，进行修改。我早写完了作业，但是我得等其他同学都写完了，老师才会改我的作业，给我打分。我暑假前就交了某项作业，我非常自豪的作业，但是我上周才拿到分数。这实在是太烦人……如果他们可以早点给我打分，我就可以早点改进我的作业。

与同龄人的关系

与 Norwich 和 Kelly 在 2004 年的调查样本不同，此次调查的受访学生很少有被霸凌或者被孤立的经历。绝大多数表示在学校有好朋友，喜欢和其他学生待在一起。

A：我的学校就像一个大家庭。我有几个 11 年级的好朋友，难过的是，他们明年就要走了……我们不在乎年级不同。（女孩，在家上学）

但是，还是有学生经历了被霸凌和种族虐待：

人们过去是种族主义分子，我站出来抗议，结果被开除了。

（男孩，学生收容处）

在特殊学校，某学生描述了她被霸凌时的经过：

访问员：你说你被其他学生霸凌过，你愿意告诉我们事情经过吗？

M：他们骂我……语言很粗鲁。

访问员：发生这样的事情，学校是怎么处理的？

M：校长和副校长马上知道了这件事。

访问员：所以说……校长和副校长有参与解决这件事，你和他们接触时，感觉舒服吗？

M：嗯……我觉得很容易跟他们说话，因为他们都给予了我更大的支持，帮助我走出了这件事情，而不是畏缩不前。

校外公正经历

与被调查的"主流学生"样本一样，此次调查受访者普遍与家人保持积极关系，认为父母/监护人关注他们的生活状况，谈到他们的社会经历，受访学生实际上比"主流"样本受访学生更同意"大多数人值得信任"这一说法。

除了调查问卷，系列访问使我们能够深入挖掘这些年轻人遭受的不公平待遇。以下是我们对特殊学校某学生的访问记录：

M：嗯，我也参加了【某地名】青年委员会。

访问员：你可以说说你这次经历吗？

M：喔，棒极了！我们为学校的水疗性质的游泳池筹集资金，筹到 200 英镑呢！我们还搞了一个大型流行乐队表演。

访问员：真棒。还有委员会的其他同学和你一起吗？

M：我学校就只有我一个。大家都是来自不同的学校，但是我要去找一个朋友和我一起来，这样我在这里就不会落单了。

访问员：那好，你觉得这样是公正待遇吗？你有受到过不公正待遇吗？

M：有时候介于两者之间。

访问员：什么意思？

M：因为我帮我们学校游泳池申请青年机会基金 the youth opportnnities fund 时，我当时也不知道已经过截止时间了，我把申请信递交过去，结果他们告诉我说已经过截止日期了。

152 学生心目中的学校

调查过程中,我们为受访学生提供了三个情境,要求他们给出观点。这三个情景和"主流"组的相似,两组学生给出的观点也再次相似。受访学生认为能力不应该比努力得到更多的奖励。老师应该对所有的学生一视同仁,花费一样的时间;平等起见,老师应该主动为学生提供帮助。但是对于"坏行为"孩子是否应该得到更多的关注,他们的回答和"主流"组大不相同。根据表9.2,我们可以看出40%的受访学生认为老师应该更多关注这类学生,但主流学生中只有7%认同这一点(表9.2)。

153　　表9.2　同意对"坏行为"学生给予额外帮助的受访学生百分比

主流学生		案例研究受访学生
更多帮助	7	40
更少帮助	41	21
同等帮助	52	40

这一结果让人出乎意料,因为针对另一个相似的问题——存在阅读障碍的学生是否应该获得更多的帮助——受访学生的回答情况并非如此。一种可能的解释是两组使用的问卷调查在该题目的用词上有细微区别。主流学生回答的问题中,"帮助"一词用的是"attention(关注)",此案例研究的问卷调查则是使用"help(帮助)"。不管怎么看,这些受访学生相比于他们的主流同龄人,对"坏行为"学生更加包容。

以下是对这三位在家接受教育的姊妹访问的部分内容。通过这部分内容,我们可以知道她们心目中公平学校是什么样:

学生受到尊重,并不因身高、发色、接受教育方式等任何因素区分或孤立学生。(女性,在家上学)

权利平等、互相尊重,就像有些学生表示:"我知道自己享有的权利,但是学生也应该了解老师享有的权利。"他们应该意识到如果你做了错事,就应该承认自己做错了事,接受惩罚。但是,有时候有些老师的确会利用这一点,不让学生吃午饭。在学校,每个人都应该互相尊重,尊重他人的权利,你不能只管自己的权利,你需要了解并尊重他人的权利。(女性,在家上学)

必要的时候才惩罚。如果你惩罚一个小孩,另一个犯错的小孩也要受到惩罚。也就是说,如果一个小孩做错了事,另一个小孩也做错了同样的事,那么他们就得接受同样的惩罚。(女性,在家上学)

总结

虽然本案例研究的受访学生数量相对较少,并且背景多元,但是从他们的回答中,我们可以看出他们在校经历是积极的,与主流学校的同龄人没太大差别。对于英国来说,教育体系常年饱受教育融入问题的诟病,这些结果可以说是积极的。但是,这些发现对于促进教育融入的影响还很有限。样本数量小,另外也只覆盖了部分弱势年轻人。但好消息是,接受其他形式教育的学生没有什么特别的社会问题。

154

155 # 第十章　确定正义的决定因素

引言

　　第七至第九章中,我们讨论了变量之间的相关性和学生反馈的差异。本章将利用这些变量,尝试构建解释性模型,至少以此验证本次研究中学生采用的部分正义标准。我们调查中的变量大致可分为四大类:学生特征(如:性别)、家庭关系(如:与父母的关系)、预测变量(如:在校非正义经历)及可能的因变量(如:正义感)。鉴于此我们可以通过诸如个人特征、家庭背景及在校经历等自变量预测因变量,来评估家庭和学校对学生正义感形成的影响。

　　本章介绍的模型是二元逻辑回归的衍生产物。二元因变量可以是职业志向、信任、学生是否认为学校公正,是否愿意弱势群体得到额外帮助等。每个调查样本中,每个二分类变量下,两种类别的比例都在 50% 左右,每个因变量下持两种观点的学生比例基本是 1:1。比如他们是否愿意牺牲自己部分的利益,让有困难的学生接受额外的帮助,"愿意"和"不愿意"两种类别的比例是 1:1。在回归分析中,我们引入其他自变量预测学生的答案,预测准确率从 50% 左右上升到了 70% 左右甚至更多(未解释差异的 40% 也得到了解释)。自变量分为四大类,分别是学生背景(如家长职业)、学校整体学生背景变量(如家长职业的学校级别总体情况)、父母支持(如家长是否和学生讨论上学的事情)及学生在校正义经历(如学生是否被霸凌)。逻辑回归中,每个阶段只能接受并尝试解释前一阶段无法解释的结果中的差异。这些阶段代表一个粗略的时间顺序,旨在使分析结果避免后一阶段的代理变量造成的无效影响(如用在校成就替代父母的教育）。尽管这些模型不代表任何决定性测试，但我们可以通过这些模型筛选结果，确定可能的模式。但如表 10.1 中所示，我们建立了替代模型（alternative model），来检验上述模型的有效性。虽然我们无法预测本章讨论的一些其他潜在的结果，并取得同样的成功，但是检验结果显示我们引入的这些模型很好地解释了我们在第七至第九章讨论的正义经历结果，同时这些模型可以帮助区分学生个人背景、父母、学校、老师和同龄学生对学生正义感培养的影响。我们首先分析的是学校层面自变量导致的结果。

表 10.1　自变量下学生愿意有障碍的同学获得帮助的结果百分比

156

自变量分类	预测准确比例	剩余差异解释比例
基数	52	—
学生背景	61	19
学校整体学生背景变量	62	2
父母支持	62	0
在校正义经历	69	15
总比例	—	36

注释：为了进行比较，我们使用相同的变量来预测完全随机的二分结果，将比例设置为 52：48，来评估此类模型下因变量前后倒置的危险性。使用所有可用自变量的最佳模式的预测准确率大约为 54％。这意味着在本表及其他类似的表格中解释的大量额外差异都是真实存在的。

预测正义的一个标准

在二元逻辑回归分析中，我们选择"老师是否应该给予存在阅读障碍的学生额外帮助（即使影响此问题回答者本人的利益）"作为因变量。结果显示，共 52％的学生反映老师应该给有特殊困难的学生提供额外帮助。其余 48％的学生中，大多数反映老师应该给予所有学生同等关注。这项调查显示，有关公平的一项重要问题——给予某类学生额外帮助更公正还是平等对待所有学生更公正——分别选择这两个答案的学生比例几乎是 1：1。如果我们假设所有学生都同意给予障碍学生额外帮助，那么我们通过所建模型预测某个学生愿意额外帮助该类学生的准确率即为 52%。判断我们模型是否成功的标准是，与基线数据（baseline figure）相比，预测准确率是否能够有所提高。表 10.1 列出了模型每次添加新自变量时预测正确的百分比。与基线数据相比，此模型提高了预测准确率，解释了学生反馈中 36% 的未解释差异。添加自变量"学生背景"后，学生反馈的未解释差异中 19%（占总解释比例一半以上）得到了解释，添加自变量"在校正义经历"后，学生反馈的未解释差异中 15%（不到总解释比例一半）得到了解释。这反映校内学生混合效应（school mix effect）影响不大，添加学生个体层面的自变量后，大部分差异得到了解释。

目前，我们可以断定影响"学生是否愿意其他学生获得额外帮助"的主要因素是学生背景。性别、成绩和学生原籍国家与这一正义标准无关。学生父母的职业、受教育情况和原籍国家也与该正义标准无关。相比于比利时、捷克、法国和意大利学生，英格兰学生更倾向于同意给予其他学生额外帮助。在学生原籍国作为唯一自变量的分析中，各国学生同意额外帮助的比例已证明这一点。原始数据显示，英格兰学生同意额外帮助的占比为 72%；而比利时、捷克、法国和意大利分别占比 59%、44%、51% 及 36%。此次问卷调查期间，为了得到学生关于这一问题的答案，我们设置了一个关于阅读困难情境描述问题，有趣的是所说语言非调查国语言的受访学生整体更愿意老师给予存在阅读困难的学生群体额外的帮助（胜算比 1.26）。

如果从学校层面考虑学生的背景变量，也就是把学生聚集在某类学校或班级产生的校内学生混合效应考虑在内，对我们此次的预测准确率改善并不大。调查显示，学校拥有出生在调查国的学生比例越高，其学生整体越不愿意其他学生获得额外帮助。出生在调查国的学生比例每增加一个百分点，支持这一做法的学生比例下降 0.99 个百分点。该调查包含四项关于学生—父母关系的问题。不管是在个体层面还是学校层面添加这些变量，预测结果都没有发生变化。

大量的在校经历作为自变量引入后，预测准确率并没有提高，包括"学生是否复读一年或一年以上"（即出生于 1991 年前）。但是如果将上述因素，比如学生背景考虑进去，我们发现学生报告在校正义经历与同意有困难学生获得额外帮助的意愿这二者之间关系非常紧密。

如果老师尊重学生，不在其他学生面前冲某个学生发火，惩罚学生不失偏颇，关注学生幸福感,讲解问题会直到每个学生理解为止,学生会愿意帮助有困难的学生群体(至少他们在访问中这样反映)。从表面看,表 10.2 中的回归系数反映教师在公民教学中作用十分明确,教育学生要包容并支持有困难的人(表 10.2),他们不仅(或者完全没有)通过公民教学,更通过他们作为良好公民自身行动的模范作用,对学生发挥潜移默化的教育作用(Gorard,2007a,2007b)。同学也有同样重要的作用。朋友的陪伴对学生很重要,不受其他学生欺负也很重要。那些反映被其他人伤害、霸凌和被偷东西的学生更有可能反对对其他学生给予额外帮助。这并非是校内学生混合效应差异效应(比如,在偷盗行为更少的学校上学的学生更加支持给予他人帮助)。因此,学生受到的对待可能会对他们产生直接影响。但是有些情况下,持不同态度学生的占比区别很小。比如,44%的被霸凌者支持帮助别人,而从未被霸凌的学生(或者不愿意说自己被霸凌过)中,51%支持帮助别人。不管怎样,老师的作用不可忽视,他们可以对潜在的霸凌者和小偷进行教育,阻止这类霸凌行为。

表 10.2 学生个人/在校经历与帮助他人的意愿之间的回归系数

158

我在学校有好朋友	1.70
老师关注我的幸福感	1.27
老师冲某个学生发火	0.81

注释:所有回归系数都与强烈反对帮助他人的学生比例有关。某种程度上,表 10.2 及下文出现的表格和第七至第八章所列的胜算比表格相似。它们之间的主要差异在于:我们建立模型分析学生正义感的决定因素时,规避了家庭和学生背景自变量的影响。

学会在校信任他人?

学生该如何学会信任老师,相信老师会公正解决问题?只有 44%的学生认为他们的老师对待学生大体上公正。所以,如果我们假设没有人这样认为,我们预测做出这一反映的学生准确率为 56%。但利用二元回归模型,学生反馈中未被解释的差异有 45%可以被解释。这一比例还是非常高的。学生反馈中大部分差异可以通过学生在校经历解释(表格 10.3)。相比之下,学生背景和父母关系的影响则小很多,而校内学生混合效应差异则根本没有影响。关于老师公正对待学生这一说法,英格兰赞同的学生比例远远超出其他国家,甚至比某些国家高出 0.75 倍。这一数据更能表明,在英国学校,老师和学生的关系相对融洽。相比与其他家庭的学生,父亲拥有专业职业的学生赞同"他们信任老师"这一说法的比例略高(高出 0.15 倍)。然而,这些背景变量的综合影响远远小于"帮助别人的意愿"变量(参见上表)。父母对学生幸福感的关心和对他们观点的尊重同样会影响学生对老师的信任(两者胜算比均为 1.67)。

表 10.3　自变量下信任老师的学生百分比

自变量分类	预测准确百分比	其余差异解释百分比
基数	56	—
学生背景	60	9
学校整体学生背景变量	60	0
父母支持	62	5
在校正义经历	78	36
总百分比	—	45

表 10.4　自变量学生个人/在校经历与因变量信任老师之间的回归系数

老师公正地惩罚不良行为	1.72
老师尊重我的观点	1.67
老师关注我的幸福感	1.67
老师尊重所有学生的观点	1.67
我的分数通常能反映我的作业质量	1.61
老师鼓励我自己做决定	1.45
我的分数通常能反映我所付出的努力	1.43
老师会耐心解释问题,直到我理解为止	1.32

注释:本表格及下文类似表格中的回归系数是按强烈反对的学生人数的计算结果。
本表格并没有列举所有的变量。

与上一调查结果一样,自变量"学生在校经历"仍然是"学生是否信任老师"的主要决定因素。学生与老师的积极关系及其影响很大程度上决定了学生是否信任他人。这一点其实不足为奇。老师必须遵守公平原则,即:尊重学生,尊重学生个人自主权及关心所有学生。他们也必须认识到，只有在有正当理由的时候才可以奖惩学生，同时也要记住，在不适合采取这种做法时放弃这一区别对待的做法。在校被霸凌的学生中，反映相信老师是公正的学生比例也更高（未在表格中提及），这可能是因为他们是被同校学生霸凌，而老师帮助解决了问题抑或是因为其他原因或者根本没有原因。

了解学校是否公正？

　　略超过 50％ 的学生认为学校是一个公正的地方。这些学生具有哪些特征？和其余 50％ 的学生有什么区别？与"信任老师"一样，影响学生判断"学校是否是公正的地方"的因素中，学生在校经历是主要因素，学生背景和学生—父母关系对此影响很小（见表 10.5）。与其他国家学生相比，意大利学生认为自己所处的学校是公正之地的比例更高（在其他条件相同的情况下，赞同这一说法的意大利学生比例是其他国家学生的 2.08 倍）。这与我们在第七章得出的结果一致，即意大利学生在几个方面反映的在校非正义现象最少。认同"学校是一个公正的地方比例较高"的学生群体包括：分数高的学生（1.27），报告说父母和他们交谈自己的朋友、兴趣（两者回归系数均为 1.85）以及学校情况的学生（2.08）。

表 10.5　自变量下同意"学校是一个公正的地方"说法的学生百分比

自变量分类	预测准确百分比	其余差异解释百分比
基数	50	—
学生背景	56	12
学校整体学生背景变量	56	0
父母支持	59	6
在校正义经历	78	38
总比例	—	56

　　影响学生是否认为"一所学校是一个公正的地方"的积极经历包括可以解释的区别性正义做法（区别性分数和惩罚是学生应得的，而且也是公正的）（见表 10.6），普遍

性正义做法（学校无差别尊重和关心所有学生）。与同学之间的一些不愉快经历也被视为积极经历。这与"信任老师"的情况很相似。

161

表 10.6　学生个人在校经历与同意"学校是一个公正的地方"二者之间的回归系数

学生得到他们应得到的分数	2.27
老师公正惩罚不良行为	2.13
我在学校有好朋友	1.79
老师会耐心解释问题，直到我理解为止	1.69
所有学生在课堂上受到相同的对待	1.61
老师关注我的幸福感	1.47
老师尊重所有学生的观点	1.28
我喜欢与其他同学合作	1.13
我有东西被偷过	0.80
我遭受了其他同学的霸凌	0.56

注释：所有回归系数是按强烈反对的学生人数的计算结果。

我们随后会发现，影响学生回答"社会是否公正"及"人们一般是否可信任"的潜在决定因素十分相似。如在校被霸凌的消极经历会相应降低学校在学生心中的公正程度，这一结果非常合理，同时也反映出我们在上一小节中讨论的关于霸凌的结果存在异常。

职业志向的预测

接下来，我们研究了学校和家庭背景在学生的未来和社会生活中可能产生的影响。我们建立二元逻辑回归分析模型，将职业志向作为因变量。共有 48％ 的受访学生反映毕业后希望获得一份专业职业，而其余 52％ 学生则没有这一意愿。假设没有学生有意从事专业职业，我们对学生拥有职业志向的预测，准确率为 52％。我们模型成功的标准在于预测准确率相比于基数有所提高。表 10.7 列出了模型每次添加新自变量得出的预测准确百分比。结果显示，预测准确率高于基线数据，特别是考虑到国家之间职业结构的可能变化,因此,该模型是相当成功的,但国家职业结构的差异这一点在这里不能得到体现。通过该模型,预测的正确率在基数 52％ 的基础上提高了 21％,即基数中 48％ 未解释差异中的 44％ 得到了解释。准确率的提高得益于两大自变量的引入:学生背景特征和学校层面拥有不同背景的学生类别数据(即校内学生混合效应差异)。本研究不同的一点是:自变量学生的在校正义经历只解释了其余差异中的一小部分。

表 10.7　自变量分类中期望从事专业职业的学生百分比

自变量分类	预测准确百分比	其余差异解释百分比
基数	50	—
学生背景	56	12
学校整体学生背景变量	56	0
父母支持	59	6
在校正义经历	78	38
总比例	—	56

学生背景因素中,如果考虑了其他背景特征,学生及其父母是否出生在我们调查国与学生本人的职业志向就无相关性。对于本人或者父母至少一方出生地不在该调查国的学生,他们的职业志向与出生于该国的学生位于同等水平,这也反映了一种公正性(fairness)(见第八章)。

学生职业志向最重要的影响因素是(学生自报的)在校成绩。在校成绩是衡量学生学业能力的一项指标。假定其他因素相同,成绩高的学生中,有意追求专业职业的比例更高,比成绩低的学生高出 1.39 倍。同理,相比成绩差的学生,成绩中等的学生追求专业职业的比例高出 0.57 倍。因此,我们得出一个结论:学生成绩越差,职业志向就越低。我们已经能够用关键学段成绩(英格兰样本)来验证上述关于成绩的自我报告,发现学生自报的成绩基本准确。但也有可能,阶段成绩与自我报告中的成绩让学生提高的自信程度一致。

如果基于这一原因,我们在分析中不考虑学业成绩的话,影响学生职业愿望最大的因素则是父母职业。这一结果也不意外。比如,父亲从事专业工作的学生中 59％

期望从事专业工作,而父亲为技术工人的学生中,这一比例仅为 45%,父亲没技术或者失业的学生中,这一比例更低,仅为 41%。与母亲从事无技术工作或者无工作的学生相比,母亲从事专业职业的学生中,期望从事专业职业的学生比例高出 0.38 倍。父亲从事专业职业的学生中,期望从事专业职业的学生比例高出其他学生 0.58 倍。这背后的原因到底是一种直接的社会再制现象,还是专业职业家庭存在大量隐形资产,有助于提高孩子的职业志向,本研究尚不清楚。其他一些影响较弱的因素还包括性别(期望从事专业职业的女性比例是男性的 1.09 倍)、第一语言(母语为第一语言的学生期望从事专业职业的比例是母语作为第二语言的 1.10 倍)和父亲是否上过大学(较父亲没上过大学的学生,父亲为大学毕业生的学生期望从事专业职业的比例高出 0.14 倍)。与学业成绩一样,学生职业志向受到社会背景和教育背景的影响(Gorard,2000b)。

如果从学校层面考虑学生的背景变量,即将学生聚集在某类学校或班级产生的校内学生混合效应(school mix effect)考虑在内,学生职业志向的预测准确率会进一步提高。我们对此的一个解释是:校内学生混合效应会影响学生职业志向。因此,通过其父亲的职业可以很好地预测学生的职业志向(见上文描述)。一所学校从事专业工作的父亲比例对该校学生的职业志向也有很大的影响。学校生源中,父亲从事专业职业的学生每增加一个百分点,该校学生有意追求专业职业的学生胜算比就会增加 1.02 倍。撇开父亲职业对学生的影响,这是一个非常大的提高(因为这一数据还会和学校生源里父亲从事专业职业的学生总数相乘)。相比之下,母亲的职业对学生的影响则较小(1.01),但是母亲的出生地对学生影响程度更高。学校生源中,母亲出生在调查国的学生每增加一个百分比,该校有意追求专业职业的学生胜算比就会增加1.03 倍。换言之,学生个人的原籍国对其职业志向影响不明显,但是如果在其所在学校中聚集了很多母亲来自他国的学生,学生的职业志向就会降低。分析时,如果考虑了母亲原籍国,学生本人和其父亲在哪国出生似乎对他/她的职业愿望没太大影响。学校生源中,在家所说的语言为调查国语言的学生每增加一个百分点,该校学生期望从事专业职业的胜算比会增加 1.01 倍。这一结果不受学生个人所操语言的影响。

如果一所学校背景相似的学生比例较高,他们的家长受过良好教育,从事专业工作的话,该学校的学生就会更加期望从事专业职业,即使不具备上述家庭背景的学生也是如此。如果这一说法成立,我们可以清楚地从中得出一点:通过改变校内学生混合,可以促进社会正义。允许背景优越的学生聚集在特定学校,他们的家长受过良好教育,从事专业工作,这会加剧社会再制现象(social reproduction)。这种做法并没有让学生成绩产生明显的学校差异,因此按家庭背景群集学生无任何益处(Gorard,2006b/见第二章),并且有损社会流动性。因此,尽管有很多解释,但是我们认为综合性、无区别的学校系统是最好的,有利于推动社会正义(Gorard,2007b)。

164

添加其他变量之后,自变量"大学学历父母的聚集"影响不再显著。在向后逐步回归模型(the backwards stepwise regression)中,逐步剔除的自变量包括学生的性别百分比及高、中、低学业水平学生百分比。这一结果在学校政策层面更显重要。根据目前的调查结果,我们认为如果考虑了学生背景这一自变量,男女分读不同学校对他们的职业愿望没有影响。同理,根据(自报的)学业成绩选拔学生丝毫不会影响他们的职业愿望。最大的影响因素是学校之间的社会经济隔离(socioeconomic segregation)。

此次调查中的四项问题是关于学生—父母关系,父母对学生生活的关心及提供的支持。对模型结果的分析显示上述四项变量对预测结果无显著作用,并且在向后逐步回归分析中均被剔除。

学生背景和学校结构(比如隔离式学校)对学生形成职业志向非常重要,但是师生互动的影响也不可忽视。

无论是留级一年还是多年的学生(即1991年前出生的学生),他们的职业志向都没有差别。也就是说,其他条件相同的情况下,留级政策不会影响学生的职业志向。这一发现相当有趣。强烈同意"与老师相处良好"的学生更多表示期望从事专业职业。强烈同意这一说法的同学中期望从事专业工作的比例比强烈不同意这一说法的同学多出0.3倍。两者之间是否有因果联系目前尚不清楚。原因可能是有些老师会打击部分学生的期望(见第八章)。强烈同意"老师尊重他们观点"说法的学生更期望从事专业职业,他们中期望从事专业职业的比例比强烈不同意这一说法的同学多出0.25倍。上述两个说法都与个体学生及他们与老师的关系相关。期望从事专业职业的学生和老师的关系更好。

但是,如果我们从师生关系角度考虑,结果则截然相反。期望从事专业职业的学生更有可能发现同学的不公正待遇。强烈同意这一说法的学生中,期望从事专业职业的比例仅为强烈不同意这一说法的学生的0.88倍。强烈同意"我相信老师公正地对

165 待自己"这一说法的学生从事专业职业的期望更低(0.84)。总体而言,个人在校经历
最积极的学生拥有最高的职业志向(个人在校经历最消极的学生职业志向则最低)。
与强烈不同意"在学校有好朋友"说法的学生相比,强烈同意这一说法的学生更期望从
事专业职业,后者期望从事专业职业的比例是前者中期望从事专业职业的比例的
1.72倍。强烈同意"很容易被打击",并且认为"上学是浪费时间"说法的学生从事专业
职业的比例最低。从理论上来说,即使不添加最后一个变量,我们的模型依然有效。
这个变量既可以被视为在校教育的结果,也可以被认为是一种经历。是否添加此变量
不会影响其他自变量的预测结果。

校外信任程度预测

这次二元逻辑回归分析中,"是否可以信任大多数人"为因变量。受访学生中有
51%表示一般不会信任别人,49%表示会在一定程度上信任别人。假设所有学生不信
任他人,那么我们预测个体学生信任他人的准确率为51%。我们模型成功的标准在
于预测准确率相比于基数有所提高。表10.8列出了模型每次添加新自变量得出的预
测准确百分比。学生背景特征解释了因变量中部分差异,但解释比例并没有达到预
期。上述自变量—因变量影响方式通常为个体—个体,目前没有产生校内学生混合效
应,进而影响全体学生。预测准确率提高了11%,其中近一半归因于"学生在校正义
经历"这一自变量。这一结果是在添加完学生背景和父母支持这两个自变量后,继续
添加自变量"在校正义经历"后得出的。因此,这足以证明学校对该因变量的影响很大
(见表10.3)。

表 10.8　自变量下信任他人的学生百分比

自变量分类	预测准确百分比	其余差异解释百分比
基数	51	—
学生背景	56	10
学校整体学生背景变量	56	0

续　表

自变量分类	预测准确百分比	其余差异解释百分比
父母支持	57	2
在校正义经历	92	10
总比例	—	12

通过这些调查数据，我们目前在一定程度上可以解释学生信任他人的程度，学生背景是其中一个因素。性别、语言和学生原籍国家与"学习相信大多数人"这一因变量无相关性。学生父母的职业和母亲的原籍国家也与此因变量也无相关性。父亲出生在调查国的学生相信他人的比例稍高（胜算比 1.08）。相比于基线模型，本模型引入了（自报）学业成绩，提高了预测准确率。调查结果发现，在校成绩最低的学生相信他人的胜算比最高（1.05），成绩居中的学生一般，成绩最高的学生胜算比最低（0.94）。这一发现引起了研究者的兴趣。研究者目前尚不清楚这是由于理解能力的差异，还是其他自变量的影响。

本调查包含四项关于学生—父母关系的问题。但这些变量并没有很大地提高预测准确率。本研究探究父母是否和学生谈论他们的朋友和兴趣、关注他们的幸福感与因变量的相关性。父母尊重孩子并且与他们谈论学校情况，孩子更容易信任他人。强烈同意"父母尊重他们"说法的学生相信他人的比例与强烈不同意这一说法的学生相信他人之间的比值为 1.13。强烈同意"父母与自己谈论学校"的学生相信他人的胜算比为 1.12。

引入上述变量之后，我们发现"学生自我报告的在校正义"与学生对他人的信任之间联系显而易见。学生背景会影响学生对他人的信任程度，且影响不小，但是最大的影响因素为在校师生的互动。表示与老师相处良好，且相信老师公正对待自己的学生整体上更相信他人。当然，有些自变量对因变量的影响可能属于重言式逻辑。与因变量职业志向不同，学生留级（也就是 1991 年前出生）对其信任他人会产生一些消极影响（胜算比 0.93）。研究发现，留级学生信任他人的比例低于从未留级学生信任他人的比例，前者为 41％，后者为 50％。或许是因为英国没有留级制度，英格兰的学生认为老师更加公正。学生在校的各类经历与学生信任他人的相关性最大。从在校经历

166

来看,有以下经历的学生可能更加信任他人:认为学校和教师公正对待学生、认为学校惩罚公正、未被同学欺负或者孤立,以及未被偷过东西。这一点都不难理解。研究发现,教师在培养信任他人的公民方面,作用不可忽视。这与前面几项关于其他因变量的研究得出的结论一致。教师通过言传身教,把学生培养成好(或不好的)公民。同时,他们还预防部分学生受到霸凌,教育潜在的"霸凌者"和"小偷"(见表10.9)。

表 10.9 学生个人/在校经历与信任他人之间的回归系数

学校是公正的	1.40
我喜欢与其他同学合作	1.27
老师公正惩罚学生	1.23
分数反映我的作业质量	1.18
我相信我的老师是公正的	1.17
我有一个朋友分数不高	1.14
所有的学生受到相同对待	1.10
我有东西被偷	0.89
我感觉被朋友忽视	0.86
老师在班上冲我发火	0.86
我很容易受到打击	0.82

校园杜绝霸凌行为、个人暴力和偷窃行为有利于培养学生信任他人。研究发现,遭受过霸凌、暴力伤害或东西被偷的学生信任他人的程度最低。因此,有人认为,学生的在校经历会影响其正义感和公正感的形成,并且影响他们对社会的认知。学生的在校经历很多和其他同学直接相关,而老师是否有所作为只是间接因素。如果公民教育有利于学生学会适当信任他人,来自同学的不当对待程度则显然会阻碍这一培养目标的实现。

了解暴力的使用?

如果不分析学生的在校经历,我们无法解释使用暴力的同学和不会使用暴力的同学之间的差异(表 10.10)。这部分是因为不同意使用暴力的学生居多,只有 32% 的学生反馈对同学使用过暴力。这一点令人欣慰。但是,在捷克,调查显示同意使用暴力的学生占大多数(胜算比为 2.00)。造成这一结果的原因可能是有些问卷问题经翻译之后意思发生改变。如果并非如此,上述结果让人担忧。使用调查国语言的学生中同意这一说法的比例较低,胜算比为 0.79,父亲出生在调查国的学生同意这一说法的比例也较低,胜算比为 0.83。

表 10.10　自变量下同意"可以打同学"说法的学生百分比

168

自变量分类	预测准确百分比	其余差异解释百分比
基数	68	——
学生背景	69	3
学校整体学生背景变量	69	0
父母支持	70	3
在校正义经历	77	22
总比例	——	28

　　父母与其谈论学校情况的学生伤害同学的比例更低,胜算比为 0.56,而父母关心其幸福感的学生伤害同学的胜算比为 0.57。

　　认同使用暴力的学生,其在校经历多数与其他学生不同(见表 10.11)。这其中最多学生表示"上学是浪费时间",但是我们目前还不清楚其中因果关系。研究发现"教师耐心解释问题,直到学生明白为止"也会影响学生对使用暴力的态度,但其中原因尚不清楚。也许这种联系根本不成立,因为基数出现大幅倾斜,这样的数据不管怎么都

表 10.11　自变量学生/在校经历与同意"可以打同学"说法之间的回归系数

我觉得上学是浪费时间	3.33
老师有最喜爱的学生	1.41
老师会耐心解释问题,直到我理解为止	1.32
努力的学生通常最受优待	1.25
我感觉自己被同学忽视	0.81

会得出上述联系。但是,学生如果经历过老师在某些情境下明显不当使用正义原则的话,那么他们往往更认同暴力行为。如果老师偏爱一些学生,如努力的学生,并在一些无需考虑"努力"的情境中优待他们,比如更尊重他们或给他们更多的自主权,这样的做法会使得一些较为敏感的学生对公平的标准产生误解。

融合还是多元文化主义?

稍微多数学生认为迁居到他们国家的人们应该适应当地习俗。这意味着假设所有受访学生同意这一说法,预测的准确率达到54%。引入模型之后,因变量中35%未解释的部分得到了解释,预测准确率得到提高(表10.12)。结果显示,学生背景和在校经历影响显著。捷克近年移民数量在下降。在捷克,受访学生更倾向于认为移民应该适应新居住地的习俗,胜算比为1.53,高于其他国家。导致这一差异可能有两个原因:其一,捷克学生缺乏对移民的了解。其二,移民学生数量较少,尽管这些学生可能反对这一观点,认为应该多元文化共存。研究结果支持第二种解释。本研究发现,父亲或者母亲出生在调查国的学生更倾向于认同融合这一观点,前者胜算比为1.49,后者为1.19。出生在调查国的学生和操调查国语言的学生都更倾向于认同融合,两者的胜算比分为1.20和1.23。新移民学生整体上认同这一说法的比例较低。导致这一结果的原因可能还是学生缺乏对移民的了解(不知道)。这也是校内学生混合效

169

表 10.12　自变量分类下同意"移民应该适应当地习俗"说法的学生百分比

自变量分类	预测准确百分比	其余差异解释百分比
基数	54	—
学生背景	59	11
学校整体学生背景变量	60	2
父母支持	60	0
在校正义经历	70	22
总比例	—	35

应的体现。在新移民学生数量少的学校(存在很多评判标准,比如学生本人或其父母的出生国),学生更倾向认同移民应该适应当地习俗。注意,这是在"学生自己是否是新移民"这一变量的基础上,模型新添加一个变量的研究结果。学生本人非移民,但如果他们在新移民学生数量多的学校就读,这些学生更倾向多元文化共存。这个发现非常重要,有助于理解校内学生混合现象。

　　分析在校经历相关变量之后,我们认为原因可能有两点:其一,新移民在学校有好朋友的可能性较低;其二,新移民不太认同适应当地习俗这一做法(表 10.13)。相反,新移民的朋友更多出生在其他国家。成绩差的学生更倾向和成绩低的同学做朋友,并且他们更希望移民能够融入他们。与上节结果一样,我们发现如果老师显然没有正确运用正义原则,在与努力无关的情境下偏爱努力学习的学生,不尊重学生的观点,这样的行为会导致长期的消极教学结果。

表 10.13　学生个人/在校经历与同意"移民应该适应当地风俗"说法之间的回归系数

我在学校有好朋友	1.67
我一个朋友得分数很低	1.32
努力学习的学生总是得到偏爱	1.15
老师尊重我的观点	0.81
我有一个朋友不是来自[调查国]	0.68

170

总结

　　第七至第九章描述了大量丰富的证据,本章要完全展现这些证据有点困难,只有将证据部分整合在一起。在校公平和社会公平方面,部分调查发现令人欣慰。我们发现,学生背景、家庭情况和学生就读的学校类型(甚至是没有上学的学生)等许多方面与他们的正义和非正义经历无关。和学生成绩相比,公平程度在学校及其他教育机构等级分化较弱。但情况并不十分理想,因为不正义现象仍然时有发生。但是由于这类经历没有因学生类别而严重分化,因此消除不正义现象相对容易。反观成绩不平等,情况就棘手很多。这一问题根深蒂固。许多发达国家几十年来一直试图减少学生之间的成绩不平等。

　　父母的支持会有一些影响(基于公认比较有限的父母支持方法),学生个人和家庭背景会影响其职业志向和对其他人的信任,但是对本章讨论的其他因变量影响很小。多元分析发现,少数因变量存在明显的国别差异。我们通过多元分析模型评估这些差异是否真的与国家有关,或与不同国家下不同子样本而存在差异(甚至学校学生数量)有关。其他条件相同的情况下,英格兰学生倾向同意帮助同学并倾向于信任教师。捷克学生倾向于认同使用暴力和用撒谎逃避惩罚。意大利学生倾向于反映学校是公正的。校内学生混合或者同龄人类型影响学生的职业志向,影响他们对接纳新移民的看法。但是,学校学生组成产生的影响远超过学生背景。

　　但是,学生反馈中的大部分差异可以由学生在校经历解释。无论是与学校相关的问题,如是否信任老师,还是与社会相关的问题,如是否信任大多数人,这些都可以由在校经历解释。接受过教育的学生若能乐于助人、信任同学、信任社会,发现学校是公正之地,拒绝使用暴力,对待移民主张多元文化共存,那么教育会使人深刻,使人宽容,产生良好的结果。学生成绩和留级会产生一些影响。但除此之外,还有四项影响重大的在校经历。本研究发现,四种在校经历会让学生变得更好:教师尊重所有学生和他们的观点、教师允许学生自由决定作业进度、教师只有在适当情境下区别对待学生(比如给学生作业打分)、不会遭受校园霸凌。不管学校原本旨在提供什么教育,和社会一样,学校本身就起到了教育的作用。通过一系列的研究,我们得到了什么启示?

第十一章　研究启示：再议学校宗旨

172

在最后一章，我们首先会简要概述我们这项研究的性质。我们努力确保研究所得启示有据可循，让人信服。接下来，我们会总结本书的主要发现，并根据这些发现为政府、学校、教育领导、教师和家长提供实际建议。

研究性质

按照我们的研究惯例，在前 10 章，我们已经对本研究和所有发现做了说明。这一章节会再次对部分内容进行总结。

我们关于学生的调查中，仍有很多可能重要的变量没有被测量，这一点非常重要。比如，在衡量学校层面的学生特征时，我们大多都是按学校直接汇总受访学生的反馈，得出总体结果。除此之外，我们也不能保证所选样本 100% 具有代表性，亦不能保证所有问题的翻译完全准确，尽管我们借助回译对其进行了验证。问卷调查过程中，无论学校层面还是学生层面，都不可避免地出现了有些问题没有得到回答的情况。数据还存在一些其他缺陷，比如缺乏日本学生的背景信息，部分英格兰学生的母亲原国籍信息出现错误。更重要的是，分析过程中，我们认为某学生反映的一些信息互相关联，但是我们没有对任何的因果关系进行确定性测试，其中有些因果联系甚至存在重言式的风险。我们没有事先证据表明学生的何种正义感可以用来评估学生在学校一段时间获得的进步。回归技术一直存在数据集使用不恰当和得出不真实存在的模式（即后此谬误）的问题（Gorard，2006c）。

173

我们研究团队努力将部分个体学生问卷问题合并分析,构建指数或者说编撰正义指标(这种做法常用于大型调查项目,比如 PISA 测试)。基于我们广泛和持久的预研究,我们已经为此提供了理论框架(见 EGREES, 2008),有些问卷问题直接被纳入研究,因为这些问项是构成这些正义指标的一部分。然而,我们的分析无法证实这些指标,也无法提出连贯而简约的替代性指标。事实上,经过团队讨论之后及借鉴英格兰团队的先前经验,我们现在对试图创造指标变量的所有尝试表示严重怀疑(Gorard, 2009b)。

但是,总而言之,对于任何规模如此之大,目标如此宏大的研究项目,这些问题也是难以避免的。认识到这些问题,并且告诉读者这些问题,是为了防止读者被这些问题误导。

此次研究与之前的项目研究,在问卷问题和调查方法上有重合之处,但是我们这次的发现与之前研究结果相吻合。我们曾在比利时、英国、法国、意大利、西班牙五个国家对 6000 名学生进行了快速调查,针对 2000 位学生进行了预调查(见书 EGREES, 2008),在为资格与课程局(Qualifications and Curriculum Authority)对 5000 名英格兰学生进行了调查(见 Gorard 等,2009a,第二章以及第三章)。我们的问卷问题覆盖了全球 7 个国家的将近 2 万名学生,因此我们掌握了部分研究问题的大量证据。另外,我们的调查结果(比如,学生在自我报告中提到的成绩)与官方和其他来源数据相吻合。学生无论在一对一对话、焦点小组还是纸质问卷中给出的反馈都与调查结果相符,也能帮助我们理解调查结果。进行预研究时,我们进入了教室,与学生进行了愉快的谈话,这确保了大部分学生都有机会严肃地表达自己的观点。

为了避免被回归分析误导,我们只使用了没有争议而且数据庞大的结果,并且构建了一系列替代性模型,只为检验我们在第十章提及的解决办法是否一直可行。研究中发现没有显著性的问题,也没有什么突破性成果。我们只聚焦效应值(effect size)(比如,解释了学生反馈剩余差异中的 5% 甚至更多或处于 0.8—1.2 范围之外的胜算比),或者注意较小胜算比(比如某类别变量胜算比为 0.9 或 1.15)。这类胜算比针对不同类别学生或者不同结果在数值大小和趋势上一致。在第十章提到的模型中,我们按照理论连贯顺序输入自变量,以此防止不必要的代理变量影响分析结果,并且我们还按相反顺序再次输入自变量,查看所得发现是否改变。发现大量结果并没有发生改变。我们还把每个模型与通过同一数据库和自变量得出的精确等值相对应,并用某两个变量(比如是否信任老师)相同分布的随机数据替代结果变量。这些随机模型得出的数据与基线数据相比并没有很大的改善,这让我们确信我们公布的结果真实正确。我们也试图探究校内学生混合效应。我们输入学校整体学生背景变量,解释了部分变异,但是解释的是在个体层面学生背景变量解释之后剩余的变异。"学校混合结果"是否只是由于设定误差而产生的呢? 个体背景的真实影响是否被弱化了呢? 建模过程中,我们在每个阶段输入学校整体学生变量(比如与父母的关系),发现预测结果的准确率并没有任何改善。输入学生个体在校经历(比如在学校被霸凌),所有模型预测结果的准确率也才只提高了1%。因此,从学生出身角度来看,校内学生混合产生的影响有所不同,而且真实有效。

　　大量样本研究显示,自变量(比如学生背景、学校结构或者学生正义经历)与众多因变量之间的关联性很强。研究结果是可信任的。我们也可以将这些结论与学校效能的传统研究进行比较,以便很好地理解这些结论。学校效能研究和我们本章讨论的研究存在同样的问题。首先,这不是因果关系研究,其次研究所需信息也不完整,还出现遗漏变量、缺失观察单位等问题。然而,我们的模型输入变量是按照时间顺序(或按照因果关系的时间顺序),并没有采取学校效能研究采用的嵌套等级模式。嵌套等级模型必然会排除一些不互相包容的特征,比如性别和父母支持。尽管我们的测量手段无法量化关于教育的观点,也会有不准确的情况,但是不会出现错误蔓延。如第二章所描述的,学校效能计算过程会导致错误蔓延。从以上角度而言,我们的数据其实比学校效能研究假设得出的学校效应更有说服力。因此,我们的发现结果值得好好思考。

　　我们必须提醒读者注意到,全球各国制定教育政策时参照的依据一般为错误分析的结果。得出该证据的研究样本量太少,亦或无法合理求证它们得出的结论。比如,Gorard(2008e)在书中提及过一项对英格兰影响重大的研究,研究结果是作为一项影响6000万人群社会流动性的国家政策的参考依据,但是制作交叉报表时,17,000名成年受访者中有7名受访者出现在不正确的表格中,另外在国际比较中,年份也出现错误。花费了数十亿英镑,承担了高昂的机会成本,结果根据这些研究制定的政策和实践不仅没有任何效果,而且也不可能有效果(比如Barber和Moursched畅想的教师效能项目2007,见第二章)。我们相信我们做的研究和上述研究完全不同,能够为制定政策和实践做法提供有用的依据。接下来,我们将重点讲述我们的研究如何为制定政策和实践做法提供有用的依据。

对于学生成绩、公平和校内学生混合的启示

总而言之,我们的主要发现看上去浅显易懂,进一步思考,发现其正确性也是毋庸置疑的。比如,学生会被他们的在校生活所影响,周围可信赖的人们的行为会部分影响他们对他人的信任。我们的发现作为一个整体来看比单独看可能更有争议性,原因是这些发现给政策和实践提供的启示许多都不符合现行的教育政策条款。不仅参与我们这项研究的发达国家存在这一状况,其他许多国家(包括美国)也存在这一状况。

首先,也许是最根本的,从第二章的论证中我们得出了以下结论:福利国家的教育系统下,学生无论去哪所学校上学,其最后的学历水平不会呈现明显的差异。这就意味着英国(可能还有美国、荷兰等国家)需要调整整个学校效能和效能改善体系。目前,英格兰学术教育已经接近达到公平的理想状态,虽然学生之间的学历水平存在一些差异,但是这些差异可以利用生源差异进行合理解释。如果人们还没普遍意识到,在公平方面,我们的学术教育已经达到了理想状态,原因是人们还没有摆脱评估的零和思维,认为只有赢者和输者。那我们如何知道我们的教育已经达到或者接近上述理想状态呢?现行教育体系下,改善这方面的状况必然会导致另一方面的状况出现明显恶化。自由度(degrees of freedom)是固定的。这和医学发展的方式有些相似。天花疫苗研发之后,自然会有更多人死于心脏病或者癌症。连续几届政府将教育投入视为重中之重,但学生成绩仍然存在不公平现象,有时甚至还愈演愈烈。对此,各届政府也是百思不得其解。只靠学校自身是无法很好地解决学生所面临的不公平。目前,公共政策的其他领域,比如医疗、住宅和犯罪,同样也存在根深蒂固的不公平问题。因此,希望学校在一代人的时间内根除不公平现象,完全就是错误的想法(Gorard等,2004)。

当然,在学生分流程度比我们在英格兰发现的更高的教育体系,学生会被分到不同的学校,他们的未来可能大相径庭。这种教育体系下,我们或许能够发现学校之间

或不同学校类型之间的更大的明显差异。但这不是学校效应导致的结果。分流教育体系下，学生 7 岁或 11 岁时，他们会被筛选，去不同的学校上学，或者至少他们的选择会被限制（见第六章）。学生选择了不同的轨迹，最终导致了学校之间的差异明显。这是制度导致的不正义，可能会导致人才的浪费，因为学生分流时间越早，他们更有可能因为个人背景而不是显露的才能被分轨至不同的学校。不管怎样，在研究中，我们几乎无法测试出不同轨迹的区别性效能，但是不同轨迹毫无疑问导致了不同的结果（也许我们能通过不同的学历证书判断，比如职业证书还是学术证书）。

　　分流制度，无论是通过能力还是天资进行筛选，还是根据学校宗旨、专项课程、管辖部门或者信奉的信仰区分学校，这些做法都是政府试图解决无法解决问题的尝试，结果导致最后的体系中只有赢者的生存空间。但这些尝试都不利于保障教育公平。事实上，这些尝试有一个共同点，即导致不同学校的招生分隔程度比其他方式更加严重，包括自然分隔，或者政府提供一些父母可以自行选择的相似学校，或者直接通过按居住区域分配学位，这种做法更加危险（Gorard 等，2003；Gorard，2009c）。

　　英国等其他国家政府为了使学校结果在学生学历方面实现更大的公平，开始逐渐修改学历标准。虽然学校实现了明显的待遇平等和机会平等，但新的学历证书等级和测验模型不断涌现，比如英格兰推出一系列职业和技术学历计划。在推出新的国家证书之后一段时间，这类尝试达到高峰（Gorard 等，2009a）。鉴于尊重平等，设计职业课程的目的是允许学生从 14 岁起可以轻松地混合学术路线和职业工作路线。初衷本是如此，但是最近几年的实际情况表明这两类课程的选课率存在差异，这不仅影响到获得资格所受到的尊重不同，而且会加剧分别选择这两种路线的学生之间的某种社会经济隔离。诸如国家证书之类的尝试应该推广至全国，取代以前的做法。虽然这可能不是一个很好的主意，但是这种做法至少可以避免出台冠以其他名目但本质还是分流制度的政策（或至少可以避免学校内部的学生分班现象）。最初的不平等是体现在特定学生群体参加同一公共考试的结果不平等，而现在的不平等是体现在教育机构的结构设置和为不同群体学生设定不同课程。

　　英格兰义务教育和培训的法定离校年龄连续几次被上调。上学天数越来越多，假期天数越来越少，假期塞满了各种暑期课程。小孩去教育机构接受早教教育的年龄越来越提前。监管和相关条例也越来越多。教职员工承受的压力越来越大，父母和学生

177

自身承受的压力也同样如此。这一系列政策改变的目的是尝试消除学历等级的不公平,增强学生整体的各项水平,以便让学生能够在诸如国际学生评估项目(PISA)、国际数学和科学趋势评测(TIMSS)、国际阅读素养进展研究项目(PIRLS)的国际测试中更有竞争力(Huang,2009)。学校改善模型的运用间接导致人们过度重视测验和考试分数(最直观的教学衡量指标),同时也会弱化教学的其他目的及其带来的潜在益处。运用学校改善模型,意味着人们将分数差异的很大一部分原因归结于学校效应,但是证据清楚显示事实并非如此。该模型忽略了一个事实,即分数本身其实是人为的,而且由于考试科目、测试方式、试卷难度、考试时间和地点的差异,对分数进行公平的比较在技术上是很难做到的(Gorard,2000b)。

本书所列的证据提出了另一种可能。我们发现,由于分流制度、专项课程或者上文介绍的以成绩为中心的计划,相似背景的学生被聚集在同一所学校,但是这些学生的成绩并没有受到明显的影响(Haahr 等,2005;Horn,2009)。但这种做法对其他方面的确会有影响。这种情况下,弱势学生能够学习的榜样就会减少。我们在书中还讲到了将相似背景的学生聚集在一起会加强代际之间的社会再制,压制他们对未来的期望,影响他们对新移民融合的观点,以及轻度影响他们是否学会信任其他人。本研究和其他研究中都得出大量证据,表明社会分隔的学校体系会影响学生对学校的态度和归属感。如今,在欧洲许多国家,心存不满或者故意被隔离的(少数民族)年轻人已经对社区内部和社区之间的社会凝聚力构成了威胁。在这样一个时代,上述情况或许更加突出。在社会分隔更加严重的学校体系中,受访学生反映的非公正经历更多。

相比于综合性体系,社会分隔的体系对最弱势的学生不公正。相比于选拔性或按地理位置分配学位的学校,在基于父母选择的综合学校体系中,学生的招收和结果呈现的社会差异更小(Hirsch,2002)。因此,大量的证据表明,具有不同特征的各类学生应该混合上学,而不是按照他们的能力、性别、宗教信仰、财政状况或原籍国将他们分别聚集在一起。我们似乎可以认为个体学生经历的公正性、正义感、社会凝聚力和归属感既是正规教育过程的结果,也是在校经历塑造的产物。不同特征的学生混合在一所学校学习不仅对学校改善有利,更有利于形成社会凝聚力(Gorard 等,2003)。这也会影响到他们后义务教育的教育接受模式和他们的成绩。一个人的学校经历和社会背景会决定他是否会是一个终身学习者(Gorard and Selwyn,2005)。这对学生未来期望产生什么样的影响，则对学生义务教育完成后是否继续接受教育或培训也会产生同样的影响。学生日后是否接受继续教育也受学校混合的影响（Gorard & Smith，2007）。

为了提高弱势群体的职业和教育期望，学校混合招生不失为一个好办法。这不仅是一种正义的做法，还有可能会给社会带来经济回报（Levin，2009）。我们能够控制的一个简单杠杆就是把学生分配给学校的政策。从这个角度而言，相比于奉行分流和筛选制度以及基于信仰的学校或者特色学校，混合性、综合性而无区别性的学校体系更加可取。针对学校政策的实际启示非常清晰。不筛选、不奉行基于信仰的政策、核心学年内不设立课程特色学校（curricular specialist schools），不区分自主招生的学校和其他学校，私人投资不能允许个人控制政府资助的学校等等。事实上，上述这些政策几乎完全同目前英国等其他国家实行的政策相反。

最后，我们应该认识到我们对于学校之间的观察得出的结论同样适用于学校内部（见第三章）。通过与其他学习项目的学生沟通，或者在为工作做准备的环境里待一段时间，学生的期望值、自信心、对未来机会的意识和对毕业后生活的准备意识都会得到加强。如果学校遵照理想的综合性招生政策，招收各种能力层次的学生，可能会导致校内教学分流程度的加深。如果存在严重学习障碍的学生能够融入主流学校，他们必定会享受到更多的帮助和使用到更多的设施。我们没有发现上述改变对学生的学业成绩是有利还是有害，但是为了实现公平结果，校际学生分流绝对不可以造成在学校内部形成小学校，这一点毋庸置疑。学校内部会产生差异，可能是纵向的差异。跨年龄段的教学安排和其他活动可以鼓励来自不同背景的学生和拥有不同才能的学生一起学习和玩耍。可能总有一些学生必须要单独教育，比如在医院或者隔离房。这也是难以避免的状况。但好消息是，在第九章提及的两个欧洲国家，上述这类学生反映他们和主流学校的大多数学生感受到一样的关照。

关于公平和教师准备的启示

上文主要是讨论国家和地区的政策问题，接下来将讨论我们的调查结果对教师及师生关系有何解释。

第一，我们要再次强调所有国家的所有学校实现了高水平的公平，所有学生群体在调查中都反映了这一点。许多学生享受在校时光，受到很好的待遇，认为学习有意义。大多数学生有好朋友，只有少数学生有不愉快的经历，比如霸凌。许多学生反映信任教师，认为他们给予自己帮助和支持。上述这些经历几乎没有按照学生背景变量呈现模式分布，虽然研究经常发现学生背景会影响他们的成绩。总体而言，学生背景、家庭背景和学校类型几乎不会影响学生的正义和非正义经历。无论成绩优劣，家庭贫富，抑或就读选拔性学校还是综合学校，学生在调查中的反馈并无很大差异。没有接受主流学校教育的学生，他们在许多方面对在校待遇和在校经历的回应最为乐观。他们经常感到自己得到应有的尊重和关爱。新移民普遍反映自己得到很好的对待，和其他同学一样与教师关系融洽，并对未来充满希望。这些发现鼓舞人心。即使我们得出结论，有些学生从客观因素上来说的确处于弱势群体，但是这些学生自身并没有认识到这一点，或者并没有因此受到不公平的对待。调查时让学生发言并没有引发学生陷入"吐槽狂欢"，不断抱怨学校、教师和同学。学校体系基本运营良好，多数教育平等问题能够得到控制（至少有立场判断的学生认为如此），因此我们相信，稍微复杂的公平问题是可以通过大多数发达国家的教育体系得到有效的解决。后面几节会详细论述这些问题。

第二，学生反映的在校经历并没有按照某种类别严重分化，因此解决起来相对容易，但是许多发达国家几十年来一直尝试各种途径希望减少的成绩不平等情况却棘手很多。很显然，不正义现象仍然时有发生，所以情形并不理想。让所有学生都满意自己受到的对待，这几乎不可能实现。但是，我们发现的更广泛和重复的问题，却很容易解决，并且几乎不用动用资源。通过提醒发展中的教师知道几条重要的正义原则和学生认为这些原则适用的范围，我们就可以解决上述大部分问题。

第三，虽然学生背景与大多数在校经历关联性很弱，但是在校经历与学生在学校和社会形成的正义观相关性很强。我们的调查结果在多个层面也都体现了这一相关性。我们认为在校经历是塑造学生"公正观"的众多因素之一。在校经历影响学生对公正世界的理解，影响他们对公正世界是否存在的看法。实现在校互动正义会为学生带来长期有利影响。

显而易见,学生的在校教育经历会影响学生帮助他人的意愿,在校内外对他人的信任、视在校经历为公正以及对暴力和新移民融入的观点。在上述任何一个方面,我们都能得到更加积极的结果(比如确定学生有意愿帮助他人),而这个积极结果主要由以下一些因素促成:

- 老师尊重全体学生以及他们的观点;
- 教师允许学生自主决定学习进度;
- 教师只有在适当情境下区别对待学生;
- 不会遭受校园霸凌。

接下来,我们将简要地对这几个方面进行逐一讨论。

尊重

公平是很难定义的,但是在我们看来,公平(equity)等同于公平感(sense of fairness),而公平感决定了在不同情境下,针对既定参与者,我们应该应用哪套正义原则 principles of justice。简单言之,公平是一种内心品质,一定程度上决定我们对事物公正性的判断。具体情境下,学生对某种现象是否公正的判断基本一致。公平是教育致力于实现的一个重要目标。教育不仅要保证在学校实现公平,也要保证实现公民和社会的长期结果公平。公平没有得到保证,会导致一系列不良后果。

举个体现公平的例子,比如在课堂互动中,教师即使不同意学生的观点也要尊重学生的观点。出现意见分歧是学习中非常重要的一部分。鼓励学生提出自己的观点、论证和论据,从一个角度而言,等于鼓励学生学习。即使观点不一,即使学生的观点在教师看来非常幼稚甚至不正确,教师也要尊重学生,因为尊重学生会鼓励他们形成自主意识和自尊意识,进而影响学生在社交中的自我定位(self-perceived position),尤其是在与权威人物面对面交谈时的自我感觉定位。所有年轻人的一个广泛共识是,教师应该尊重所有学生、重视学生的观点,无论如何不能以任何方式羞辱学生。然而,只有少数学生反映教师做到了这一点。因此,学生的真实经历往往不符合他们的意愿。这一问题急需得到解决。

181

自主性

在学生学习自主性方面,同样出现学生真实经历与个人意愿不符合的情况。各种
182 形式的证据显示,学生掌控自主学习进度非常重要。通过对学生进行关于课堂程序及
教师课堂讲解问题情况的问卷调查,我们发现学生的个性化学习经常无法得到保证。

"公平"这一词汇常见于课程设置和英格兰及其他地方初始教师教育职业发展材
料中,但是在这些材料中,"公平"的适用范围非常有限,例如只适用于男孩/女孩成绩
差距。我们建议,参与本次研究的国家以及其他所有发达国家的教师在初始教师培训
中都应该学会如何运用(从诸如表5.1中的数据得出的这一结论)明显具有争议性的
正义原则。这有助于未来教师学会区别普适性原则(即在某种情境下适合所有参与
者),比如自主性和尊重,以及需要合理区别对待的其他原则。

区别对待

本项研究有一重大发现:教师并非一直公正对待学生。这一发现对如何在校落
实有效的公民课程有重要的启发意义。受访对象普遍认为教师偏爱少数学生,奖罚不
分明,某些学生群体受到的待遇不如其他学生公正。如果学生们自己不认为他们的老
师一般都能在学校里做到公正并支持民主,那么,致力于培养学生公正和民主意识的
公民课程如何在学校得到有效实施呢? 在某种意义上,最重要的不是公民课程如何设
置,而是学生可以在非种族主义和非性别歧视的环境中与不同种族、性别和宗教团体
的其他学生一起学习,并能够真正参与学校的决策。

学生希望分数可以如实反映他们作业的真实情况或者他们为此付出的努力。必
要时,学生还希望教师能够一致公正地给予惩罚。但大量学生反映事实并非如此。学
生不愿意教师偏爱努力的学生(评分时除外),但大多数学生反映老师偏爱努力的学
生。教师根据作业质量和学生努力区别评判作业,学生并无异议,但是学习努力、成绩

优秀的学生因此得到老师偏爱，他们表示非常不满。以上观点表明学生严格地运用了
"肯定优点"原则，但是许多教师经常在错误的情境中误用这一原则。

　　我们再次建议，作为教师持续发展的一部分，教师应该时刻注意自身是否在不合
适的情景中应用公正原则。学生们并不特别幼稚，他们知道教师与部分同学相处更融
洽，有些教师可能还有偏爱的学生。任何的人际关系都有亲疏之分，这种亲疏之分本
身并不意味着不公平，但是对某个学生更加友好本质上不同于更加尊重某个学生，也
不同于在犯同样错误的情况下，某个学生的惩罚更加严厉。同样，在另一种情境中区
别性对待学生，区别性对待则不公正（详情可见表 5.1）。公正待遇的评判因素包括：
情境参与者、情境以及帮助决定什么是公平对待的原则。

183

虐待

　　在校受到最好待遇的学生对信任、公民价值和正义感的态度最为乐观，而在校受
到最差待遇的学生倾向于持最悲观态度。个体访谈和问卷调查中，学生反映的最糟糕
经历都和同学有关。这些经历包括来自同学的社交孤立、霸凌、偷窃行为和其他暴力。
调查所得证据显示，教师仍然可以采取两种措施阻止这些校园行为的发生。第一，不
管何地发现这些行为，教师必须坚决杜绝此类行为。这是最简单的做法。第二，对本
书读者而言，迄今为止可能更重要的一点是：教师需要与家庭和其他人共同努力，帮
助打破此类行为的消极循环。有些学生愿意容忍撒谎和打架行为，这些学生自身多多
少少受到了他们在校正义经历的影响。打破恶性循环，我们必须从学校结构入手，这
一点非常重要，因为按社会因素分隔的学校结构可能会恶化诸如教室霸凌之类的虐待
行为。

总结

　　学生的公正性、正义感、社会凝聚力是正规教育过程的产物，也是在校经历的产

物。社会、种族和经济隔离虽然也有影响,但是测试结果显示,他们并非是影响学生结果的主要因素。例如,在种族隔离的学校体系中,在社会上推动种族宽容是没有什么意义的。对学生而言,学校就是他们的生活,而不仅仅是为未来生活做准备的地方。如今,在校平等对待学生非常重要,因为这关系到每个学生的在校经历和社会凝聚力,而且学校可以培养学生公民身份的重要方面,而不会被批评为言行不一的伪善。公民教育旨在培养受教者的社会和道德责任,这就需要尊重他们,并为他们创造可以发声的渠道(Kerr,2003,p.28)。实现民主教育需要学校变得比传统上更加民主。法律赋予学生权利还不够,他们有权了解自己的权利并且得到鼓励去使用这些权利(Dobozy,2007)。

　　总而言之,我们想传达的信息是:学校和教师也许想稍微少关注一些他们教学方法的效率和效能,稍微多关注一些想要把学生培养成什么样的人。若真如此,学校和教师应该听听从英格兰学生到日本学生的心声中反映出的关于正义标准的观点,并要知道在某些方面学生比他们的老师知道得更多。关于什么是公正,学生们的观点非常清晰,只要给他们机会,他们基本都很愿意且能够去表达自己的观点。他们对于自己亲身经历的受教育过程给出了负责任的观点,而此项研究的用户是否愿意了解这些观点,并将这些观点作为行动的依据? 如果部分学生在校无法得到正义保障,不管是无意还是有意,由于过于强调教学法的重要性所导致,都有可能延续和加剧社会非正义。在结构和组织上,学校绝非只是我们所拥有的现实社会的缩影,而是可以成为我们所希望的那种社会的先驱。

索　引

附　录

我们在此附上第二章所提及计算公式的完整版，该公式也被英格兰儿童、学校与家庭部(DCSF)用于计算 CVA 分数。任意一名关键阶段 4(KS4)[i] 学生的 2007 年预测成绩为：

162.1

$+0.3807^*$(学校 KS2 平方均分)

-5.944^*(学校 KS2 均分)

$+1.396^*$(KS2 英语分数—学校 KS2 均分)

-0.109^*(KS2 数学分数—学校 KS2 均分)

-27.1(若受照管)

-59.51^*(剥夺指数值)

-34.37(若学校行动特殊教育需求)

-65.76(若加强学校行动或有特殊教育需求声明)

-73.55(若在 10 年级的九月之后加入)

---

i 关键阶段(Key Stage)是英国公立学校系统对各年龄阶段学生知识学习预期的安排。关键阶段的概念，是在《1988 年教育改革法》中，与国家统一课程的概念一同引进的。4 个主要关键阶段根据年龄划分，在每个学年开始时，将某一年龄的所有学生进行组合。关键阶段的设计，是为了适应过去 100 年间教育系统发展最普遍流行的结构。关键阶段 1 相当于初等教育的第一个阶段，通常称为幼儿学校(infant school)。关键阶段 2 相当于初等教育的后面一个阶段，通常称为小学。根据哈多爵士(William Henry Hadow)的描述，这一阶段结束时，要求学生参加 11 岁考试。中等教育包括关键阶段 3 和关键阶段 4，其分界线是 14 岁考试，即在 14 岁进行的普通中等教育证书考试，考查过去 2 年间的考试课程。关键阶段 4：10—11 年级(14—16 岁)，结束考试称为普通中等教育证书考试(General Certificate of Secondary Education, GCSE)。——译者注。

－23.43(若非在 7—9 年级的七/八/九月加入)

＋14.52(若为女性)

－12.94*(年龄符合要求,8 月 31 日计 0,9 月 1 日计 1)

＋仅针对母语为非英语学生(－8.328—0.1428*(学校 KS2 均分)^2＋4.93*学校 KS2 均分)

＋种族系数,来自预设的表格(如,白人学生计 0,非洲黑人学生计 29.190)

＋仅针对享受免费校餐学生(－22.9＋免费校餐/族群互动,来自预设的表格)

＋1.962*(群体 KS2 均分)

－4.815*(群体 KS2 均分的标准偏差)

参考文献

Amrein-Beardsley, A. (2008) Methodological concerns about the education value-added assessment system, *Educational Researcher*, 37,2,65 - 75.

Bald, J. (2006) Inspection is now just a numbers game, *Times Educational Supplement*, 26 May, 21.

Barber, M. and Moursched, M. (2007) *How the World's Best-Performing School Systems Come Out on Top*, London: McKinsey & Co.

Baye, A. (2005) Entre efficacité et équité: ce que les indicateurs del'OECD veulent dire, in Demeuse, M., Baye, A., Straeten, M., Nicaise, J., and Matoul, A. (eds), *Vers une école juste et efficace, 26 contributions sur les systèmes d'enseignement et de formation*, Coll. Economie, Société, Région, De Boeck, Bruxelles, 539 - 558.

Baye, A., Demeuse, M., Monseur, C. and Goffin, C. (2006) *A Set of Indicators to Measure Equity in 25 European Union Education Systems*, Report submitted to the European Commission, Directorate General Education and Culture, Bruxelles.

Boudon, R. (1973) *Education, Opportunity and Social Inequality*, New York: Praeger.

Boudon, R. (1995) A propos des sentiments de justice: nouvelles remarques sur la Théorie de Rawls, *L'Année Sociologique*, 45,2,273 - 95.

Boulton, M., Duke. E., Holma, G., Laxton, E., Nicholas, B., Spells, R., Williams, E. and Woodmansey, H. (2009) Associations between being bullied, perceptions of safety in classroom and playground, and relationship with teacher among primary school pupils, *Educational Studies*, 35,3,255 - 267.

Burgess, S., Wilson, D. and Lupton, R. (2005) Parallel lives? Ethnic segregation in schools and neighbourhoods, *Urban Studies*, 42,7,1027 - 1056.

Casey, L., Davies, P., Kalambouka, A., Nelson, N. and Boyle, B. (2006) The influence of schooling on the aspirations of young people with special educational needs, *British Educational Research Journal*, 32,2,273 - 290.

Christensen, P. (2004) The health-promoting family: A conceptual framework for future research Social Science and Medicine, *Social Science And Medicine*, 59,377 - 387.

Civic Education Study (2001) *IEA Civic Education Study*, http://www2. hu-berlin. de/empir_ bf/iea_e. html, accessed January 2005.

Clotfelter, C. (2001) Are whites still fleeing? Racial patterns and enrolment sifts in urban public schools, *Journal of Policy Analysis and Management*, 20,2,199 - 221.

Coleman, J. , Campbell, E. , Hobson, C. , McPartland, J. , Mood, A. , Weinfield, F. and York, R. (1966) *Equality of Educational Opportunity*, Washington, D. C.: U. S. Government Printing Office.

Coleman, J. , Hoffer, T. and Kilgore, S. (1982) Cognitive outcomes in public and rivate schools, *Sociology of Education*, 55,2/3,65 - 76.

Cowell, K. , Howe, B. and McNeil, J. (2008) 'If there's a dead rat, don't leave it'. Young children's understanding of their citizenship rights and responsibilities, *Cambridge Journal of Education*, 38,3,321 - 339.

Davie, R. and Galloway, D. (1996) The voice of children in education, in R. Davie and D. Galloway (eds), *Listening to Children in Education*. London: David Fulton.

Davies, I. and Evans, M. (2002) Encouraging active citizenship, *Educational Review*, 54,1, 69 - 78.

Davies, I. , Gorard, S. and McGuinn, N. (2005) Citizenship studies and character studies: Similarities and contrasts, *British Journal of Educational Studies*, 53,3,341 - 358.

DCSF (2007) *A Technical Guide to the Contextual Value Added 2007 Model*, http://www. dcsf. gov. uk/performancetables/prim ary _ 07/2007GuidetoCVA. pdf, accessed 16 December 2008.

De Schauwer, E. , Van Hove, G. , Mortier, K. and Loots, G. (2009) I need help on Mondays; it's not my day; the other days, I'm OK: Perspectives of disabled children on inclusive education, *Children and Society*, 23,99 - 111.

DeCocker, G. (2002) What do National Standards really mean? in DeCocker, G. (ed). *National Standards and School Reform in Japan and the US*. New York: Teachers College Press.

Demeuse, M. (2004) A set of equity indicators of the European Systems: A synthesis, in L. Moreno Herrera and G. Francia (eds), *Educational Policies: Implications for Equity, Equality and Equivalence*, Reports from the Department of Education. Orebro (Sweden): Orebro University.

Demeuse, M. , Derobertmasure, A. , Friant, N. , Herremans, T. , Monseur, C. and Uyttendaele, S. (2007) *Étude exploratoire sur la mise en ceuvre de nouvelles mesures visant à lutter contre les phénomènes de ségrégation scolaire et d'inéquité au sein du système éducatif de la Communauté française de Belgique*, Bruxelles: Rapport de recherche non publié.

Demeuse, M. , Lafontaine, D. and Straeten, D. (2005) Parcours scolaire et inégalités de résultats, in M. Demeuse, A. Baye, M. Straeten, J. Nicaise, A. Matoul (eds), *Vers une école juste et effcace. 26 contributions sur les systèmes d'enseignement et de formation*. Bruxelles: De Boeck Université, collection 'Economie, Société, Région'.

DfES (2002) *Citrzenship: The National Curriculum for England*, http://www. dfes. gov. uk/ citizenship, accessed August 2003.

Dobozy, E. (2007) Effective learning of civic skills: Democratic schools succeed in nurturing the critical capabilities of pupils, *Educational Studies*, 33,2,115 – 128.

Dubet, F. (1999) Sentiments et jugements de justice dans l'expérience scolaire, in Meuret, D. (ed.), *La justice du système éducatif*. Paris: de Boeck.

Dubet, F. (2006) *Injustices*, Paris: Seuil.

Duffield, J., Allan, J., Turner, E. and Morris, B. (2000) Pupils' voices on achievement: An alternative to the standards agenda, *Cambridge Journal of Education*, 30,2,263 – 274.

Dupriez, V. and Dumray, X. (2006) Inequalities in school systems: Effect of school structure or of society structure? *Comparative Education*, 42,2,243 – 260.

Dupriez, V. and Vandenberghe, V. (2004) L'ecole en Communauté française de Belgique: de quelle inégalité parlons-nous? *Les Cahiers de la Recherche en Éducation et Formation*, 27, GIRSEF-UCL.

Dupriez, V. and Dumay, X. (2006) Élèves en difficulté d'apprentissage: parcours et environnements éducatifs différenciés en fonction des structures scolaires, *Les Cahiers de la Recherche en Éducation et Formation*, 51, GIRSEF-UCL.

Duru-Bellat, M. and Mingat A. (1997) La constitution de classes de niveau dans les colleges, *Revue Francais de Sociologie*, 38,759 – 789.

Education at a Glance (2007) http://www. oecd. org/document/30/0,3343,en_2649_39263238_ 39251550_1_1_1_1,00. html, accessed December 2008.

Ertl, H. (2006) European Union policies in education and training: The Lisbon agenda as a turning point, *Comparative Education*, 42,1,5 – 27.

European Group for Research on Equity in Educational Systems (2005) Equity in European Educational Systems: A set of indicators, *European Educational Research Journal*, 4,2, 1 – 151.

European Group for Research on Equity in Educational Systems (2008) *Developing a Sense of Justice among Disadvantaged Students: The Role of Schools*, Birmingham: EGREES, 141.

Eurydice (2006) *National Summary Sheets on Education Systems in Europe and Ongoing Reforms*, Directorate-General for education and Culture, European Commission.

Eurydice (2007a) *The Information Network on Education in Europe*, http://www. eurydice. org/portal/page/portal/Eurydice, accessed January 2007.

Eurydice (2007b) *The Education System in the Czech Republic 2006/2007*, http://www. eurydice. org/ressources/eurydice/eurybase/pdf/0_integral/CZ_EN. pdf, accessed January 2007.

Euryidice (2008) http://eacea. ec. europa. eu/education/eurydice/index_en. php, accessed December 2008.

Ferguson, D. (2008) International trends in inclusive education: The continuing challenge to teach each one and everyone, *European Journal of Special Needs Education*, 23, 2,

109 - 120.

Fielding, M. and Bragg, S. (2003) *Pupils as Researchers: Making a Difference*, Cambridge: Pearson.

Fleurbaey, M. (1996) *Theories economiques de la justice*, Paris: Economica.

Gibbons, S. and Telhaj, S. (2006) *Peer Effects and Pupil Attainment: Evidence from Secondary School Transitions*, London: Centre for the Economics of Education, May.

Gibson, A. and Meuret, D. (1995) *The Development of Indicators on Equity in Education. OECD Measuring the Quality of Schools*, Paris: OECD, Center for Educational Research and Innovation.

Gilles, I. (2004) Croyance dans un monde juste et éducation, (330 - 333), in Toczek, MC et Martinot, D. , *Le défi éducatif*, Paris: Armand Colin.

Glass, G. (2004) *Teacher Evaluation: Policy Brief*, Tempe, Az: Education Policy Research Unit.

Goldstein, H. (2008) Evidence and education policy-some reflections and allegations, *Cambridge Journal of Education*, 38,3,393 - 400.

Gorard, S. (1997) *School Choice in an Established Market*, Aldeishot: Ashgate.

Gorard, S. (2000a) 'Underachievement' is still an ugly word: Reconsidering the relative effectiveness of schools in England and Wales, *Journal of Education Policy*, 15, 5, 559 - 573.

Gorard, S. (2000b) *Education and Social Justice*, Cardiff: University of Wales Press.

Gorard, S. (2001) International comparisons of school effectiveness: A second component of the 'crisis account'? *Comparative Education*, 37,3,279 - 296.

Gorard, S. (2005) Academies as the 'future of schooling': Is this an evidence-based policy? *Journal of Education Policy*, 20,3,369 - 377.

Gorard, S. (2006a) Value-added is of little value, *Journal of Educational Policy*, 21,2, 233 - 241.

Gorard, S. (2006b) Is there a school mix effect? *Educational Review*, 58,1,87 - 94.

Gorard, S. (2006c) *Using Everyday Numbers Effectively in Research: Not a Book About Statistics*, London: Continuum.

Gorard, S. (2007a) Justice et equite a l'ecole: ce qu'en dissent les eleves dans les etudes internationales, *Revue Internationale d'Education Sevres*, 44, April, 79 - 84.

Gorard, S. (2007b) The true impact of school diversity, *International Journal for Education Law and Policy*, 2,1 - 2,35 - 40.

Gorard, S. (2008a) *Quantitative Research in education*, London: Sage.

Gorard, S. (2008b) Who is missing from higher education? *Cambridge Journal of Education*, 38,3,421 - 437.

Gorard, S. (2008c) The value-added of primary schools: What is it really measuring? *Educational Review*, 60,2,179 - 185.

Gorard, S. (2008d) Equity and its relationship to citizenship education, in J. Arthur, I. Davies and C. Hahn (eds). *The Sage Handbook of Education for Citizenship and Democracy*. London: Sage, 71 - 79.

Gorard, S. (2008e) Research impact is not always a good thing: A re-consideration of rates of 'social mobility' in Britain, *British Journal of Sociology of Education*, 29,3,317 - 324.

Gorard, S. (2009a) Misunderstanding and misrepresentation: A reply to Schagen and Hutchison, *International Journal of Research and Method in Education*, 32,1,3 - 12.

Gorard, S. (2009b) Measuring is more than assigning numbers, in G. Walford, E. Tucker and M. Viswanathan (eds), *Handbook of Measurement*. London: Sage.

Gorard, S. (2009c) Does the index of segregation matter? The composition of secondary schools in England since 1996, *British Educational Research Journal*, 35,4,639 - 652.

Gorard, S. (2009d) What are academies the answer to? *Journal of Education Policy*, 24,1,1 - 13.

Gorard, S. (2010a) Serious doubts about school effectiveness, *British Educational Research Journal*, http://www. informaworld. com/openurl? genre = article&issn = 0141-1926&issue = preprint&spage = 1&doi = 10. 1080/01411920903144251&date = 2009&atitle = Serious doubts about school effectiveness&aulast=Gorard&aufirst=Stephen.

Gorard, S. (2010b) All evidence is equal: The flaw in statistical reasoning, *Oxford Review of Education*, March 2010.

Gorard, S. , with Adnett, N. , May, H. , Slack, K. , Smith, E. and Thomas, L. (2007) *Overcoming barriers to HE*, Stoke-on-Trent: Trentham.

Gorard, S. , Lewis, J. and Smith, E. (2004) Disengagement in Wales; Educational, social and economic issues, *Welsh Journal of Education*, 13,1,118 - 147.

Gorard, S. , Lumby, J. , Briggs, A. , Morrison, M. , Hall, I. , Maringe, F. , See, B. H. , Shaheen, R. and Wright, S. (2009a) *14 - 19 Reforms: QCA Centre Research Study, Commentary on the Baseline of Evidence 2007 - 2008*, London: QCA.

Gorard, S. and Rees, G. (2002) *Creating a Learning Society*? Bristol: Policy Press.

Gorard, S. and See, B. H. (2009) The impact of SES on participation and attainment in science, *Studies in Science Education*, 45,1,93 - 129.

Gorard, S. , See, B. H. and Shaheen, R. (2009b) Educating for citizenship: Some lessons from England 2008, *Citizenship Teaching and Learning*, 5,1,35 - 45.

Gorard, S. and Selwyn, N. (2005) What makes a lifelong learner? Teachers *College Record*, 107,6,1193 - 1216.

Gorard, S. and Smith, E. (2004) An international comparison of equity in education systems? *Comparative Education*, 40,1,16 - 28.

Gorard, S, and Smith, E. (2007) Do barriers get in the way? A review of the determinants of post - 16 participation, *Research in Post-Compulsory Education*, 12,2,141 - 158.

Gorard, S. and Smith, E. (2008) The impact of school experiences on pupils' sense of justice: An international study of pupil voice, *Orbis Scholae*, 2,2,87 - 105.

Gorard, S. and Taylor, C. (2002) What is segregation? A comparison of measures in terms of strong and weak compositional invariance, *Sociology*, 36,4,875 – 895.

Gorard, S. , Taylor, C. and Fitz, J. (2003) *Schools, Markets and Choice Policies*, London: RoutledgeFalmer.

Gray, J. and Wilcox, B. (1995) '*Good School, Bad School*': *Evaluating Performance and Encouraging Improvement*, Buckingham: Open University Press.

Grayling, A. (2005) Two words of warning: Northern Ireland, *Times Educational Supplement*, 15 July, 9.

Grisay, A. (1997) *Evolution des acquis cognitifs et socio-affectifs des élèves au cours des années de collège*, MEN-Direction de l'Evaluation et de la Prospective, Dossiers Education et formations, 88.

Guldemond, H. and Bosker, R. (2009) School effects on pupils' progress-a dynamic perspective, *School Effectiveness and School Improvement*, 20,2,255 – 268.

Haahr, J. , with Nielsen, T. , Hansen, E. and Jakobsen, S. (2005) *Explaining Pupil Performance*: *Evidence from the International PISA, TIMSS and PIRLS Surveys*, Danish Technological Institute, www. danishtechnology. dk, accessed August 2005.

Halstead, J. and Taylor, M. (2000) Learning and Teaching about Values: A Review of Recent Research, *Cambridge Journal of Education*, 30,2,169 – 202.

Hamill, P. and Boyd, B. (2002) Equality, fairness and rights-the young person's voice, *British Journal of Special Education* 29,3,111 – 117.

Hand, M. (2006) Against autonomy as an educational aim, *Oxford Review of Education*, 32, 4,535 – 550.

Harris, N. and Gorard, S. (2009) The United Kingdom, in *The Education Systems of Europe*, London: Sage.

Heitmeyer, W. and Legge, S. (2008) Youth, violence, and social disintegration, in *New Directions for Youth Development*, 119, Fall, San Francisco: Jossey-Bass.

Hirsch, D. (2002) Divide and you will divide again, *The Times Educational Supplement*, 13 December, 19.

Horn, D. (2009) Age of selection counts: A cross-country analysis of educational institutions, *Educational Research and Evaluation*, 15,4,343 – 366.

Howard, S. and Gill, J. (2000) The pebble in the pond: Children's constructions of power, politics and democratic citizenship, *Cambridge Journal of Education*, 30,3,357 – 378.

Hoyle, R. and Robinson, J. (2003) League tables and school effectiveness: A mathematical model, *Proceedings of the Royal Society of London B*, 270,113 – 199.

Huang, M. (2009) Beyond horse race comparisons of national performance averages, *Educational Research and Evaluation*, 15,4,327 – 342.

Hutmacher, W. , Cochrane, D. , Bottani, N. (2001) (eds) *In Pursuit of Equity in Education. Using International Indicators to Compare Equity Policies*, Dordrecht: Kluwer Academic.

Jansen, T. , Chioncel, N. and Dekkers, H. (2006) Social cohesion and integration: Learning active citizenship, *British Journal of Sociology of Education*, 27,2,189 – 205.

Kellerhals, J. , Coenen-Huther, J. and Modak, M. (1988) *Figures de l'équité*, Paris: Presses universitaires de France.

Kelly, S. (2009) Social identity theories and educational engagement, *British Journal of Sociology of Education*, 30,4,449 – 462.

Kelly, S. and Monczunski, L. (2007) Overcoming the volatility in school-level gain scores: A new approach to identifying value-added with cross-sectional data, *Educational Researcher*, 36,5,279 – 287.

Kendall, L. , Golden, S. , Machin, S. , McNally, S. , Meghir, C. , Morris, M. , Noden, P. , O'Donnell, L. , Ridley, K. , Rutt, S. , Schagen, I. , Stoney, S. and West, A. (2005) *Excellence in Cities: The National Evaluation of a Policy to Raise Standards in Urban Schools 2000 – 2003*, DfES Research Report 675A.

Kerr, D. (2003) Citizenship education in England: The making of a new subject. *Online Journal for Social Science Education*, http://www. sowi-onlinejournal. de/2003-2/england_ kerr. htm.

Kyriakides, L. (2008) Testing the validity of the comprehensive model of educational effectiveness: A step towards the development of a dynamic model of effectiveness, *School Effectiveness and School Improvement*, 19,4,429 – 446.

Leckie, G. and Goldstein, H. (2009) *The Limitations of Using School League Tables to Inform School Choice*, Working Paper 09/208, Bristol: Centre for Market and Public Organisation.

Lee, M. and Madyun, N. (2008) School racial composition and academic achievement: The case of Hmong LEP pupils in the USA, *Educational Studies*, 34,4,319 – 331.

Lerner, J. (1980) *The Belief in a Just World: A Fundamental Delusion*, New York: Plenum Press.

Levin, H. (2009) The economic payoff to investing in educational justice, *Educational Researcher*, 38,1,5 – 20.

Lewis, A. (2004) 'And when did you last see your father?' exploring the views of children with learning difficulties/disabilities, *British Journal of Special Education*, 31,1,3 – 9.

Lewis, A. , Parsons, S. and Robertson, C. (2006) *My school, My Family, My Life: Telling it Like it Is*, Stratford-upon-Avon: Disability Rights Commission.

Lizzio, A. , Wilson, K. and Hadaway, V. (2007) University pupils' perceptions of a fair learning environment: A social justice perspective, *Assessment and Evaluation in Higher Education*, 32,2,195 – 213.

Lubienski, S. and Lubienski, C. (2006) School sector and academic achievement@ a multi-level analysis of NAEP Mathematics data, *American Educational Research Journal*, 43, 4, 651 – 698.

Lumby, J. , Gorard, S. , Morrison, M. and Rose, A. (2004) *Review of Level Three Provision in North Torfaen*, Cwmbran: Torfaen LEA.

Lumby, J. , Gorard, S. , Morrison, M. , Smith, E. , Lewis, G. and Middlewood, D. (2006)

14 - 19 Arrangements in Cardiff: Review and Recommendations, Cardiff: LEA.

Luyten, H. , Schildkamp, K. and Folmer, E. (2009) Cognitive development in Dutch primary education, the Impact of individual background and classroom composition, *Educational Research and Evaluation*, 15,3,265 - 283.

Lynn, R. (1988) *Educational Achievement in Japan: Lessons for the West*, London: Macmillan Press.

Macleod, F. and Lambe, P. (2008) Dynamics of adult participation in part-time education and training: Results from the British Household Panel Survey, *Research Papers in Education*, 23,2,231 - 241.

Mansell, W. (2005) Don't mention the troubles, *Times Educational Supplement*, 18 February, 16.

Mansell, W. (2006) Shock of low score drives heads to resign, *Times Educational Supplement*, 9 June, 6.

Manzo, K. (2002) Japanese school children 'cram' to boost achievement, *Education Week*, 7 August, 14.

Marks, G. , Cresswell, J. and Ainley, J. (2006) Explaining socioeconomic inequalities in pupil achievement, *Educational Research and Evaluation*, 12,2,105 - 128.

Marley, D. (2009) A third of schools bore their classes, *Times Educational Supplement*, 9 January, 12.

Marsh, H. , Trautwein, U. , Ludtke, O. , Baumert, J. and Koller, O. (2007) The bigfish-little-pond effects of selective high schools on self-concept after graduation, *American Educational Research Journal*, 44,3,631 - 669.

Massey, D. and Fischer, M. (2006) The effect of childhood segregation on minority academic performance at selective colleges, *Ethnic and Racial Studies*, 29,1,1 - 26.

Matěj ů, P. and Straková, J. (2005) The role of the family and the school in the reproduction of educational inequalities in the post-Communist Czech Republic, *British Journal of Sociology of Education*, 26,1,15 - 38.

McBeath, J. , Demetriou, H. , Rudduck, J. and Myers, K. (2003) *Consulting Pupils: A Toolkit for Teachers*. Cambridge: Pearson.

McGaw, B. (2008) The role of the OECD in international comparative studies of achievement, *Assessment in Education*, 15,3,223 - 243.

McIntyre, D. , Pedder, D. and Rudduck, J. (2005) Pupil voice: Comfortable and uncomfortable learnings for teachers, *Research Papers in Education*, 20,2,149 - 168.

Merle, P. (2005) *L'élève humilié*, Paris: PUF.

Meuret, D. (2001) School equity as a matter of justice, in W. Hutmacher, D. Cochrane, N. Bottani (eds), *In Pursuit of Equity in Education*. Dordrecht: Kluwer Academic.

Meuret, D. and Desvignes, S. (2005) *Le sentiment de justice des élèves d'après PISA 2000 et 2003*, Dijon: Université de Bourgogne.

Meuret, D. and Marivain, T. (1997) Inégalités de bien être au collège, *Les Dossiers d'Education et Formation*, 89.

Nash, R. (2003) Is the school composition effect real? A discussion with evidence from the UK PISA data, *School Effectiveness and School Improvement*, 14,4,441 – 457.

Newton, P. (1997) Measuring comparability of standards across subjects: Why our statistical techniques do not make the grade, *British Educational Research Journal*, 23,4,433 – 449.

Newton, P. (2009) The reliability of results from national curriculum testing in England, *Educational Research*, 51,2,181 – 212.

Nicaise, I. (2000) *The Right to Learn: Educational Strategies for Socially Excluded Youth in Europe*, Bristol: Policy Press.

Nicaise, J., Straeten, M., Baye, A. and Demeuse, M. (2005) Comment développer un système d'indicateurs d'équité au niveau européen? in M. Demeuse, A. Baye, M. Straeten, J. Nicaise and A. Matoul (eds), *Vers une école juste et efficace. 26 contributions sur les systèmes d'enseignement et de formation*, Coll. Economie, Société, Region, De Boeck, Bruxelles, 337 – 353.

Normand, R. (2008) School effectiveness or the horizon of the world as a laboratory, *British Journal of Sociology of Education*, 29,6,665 – 676.

Norwich, B. and Kelly, N. (2004) Pupils' views on inclusion: Moderate learning difficulties and bullying in mainstream and special schools, *British Educational Research Journal*, 30,1, 43 – 65.

Noyes, A. (2005) Pupil voice: Purpose, power and the possibilities for democratic schooling, *British Educational Research Journal*, 31,4,533 – 540.

Nucci, L. (2001) *Education in the Moral Domain*, Cambridge: Cambridge University Press.

Nuttall, D. (1979) The myth of comparability, *Journal of the National Association of Inspectors and Advisers*, 11,16 – 18.

Nuttall, D., Goldstein, H., Presser, R. and Rasbash, H. (1989) Differential school effectiveness, *International Journal of Educational Research*, 13,7,769 – 776.

OECD (2005) *Regards sur l'éducation. Les indicateurs de l'OECD 2005*, OECD, Paris.

OECD (2007a) *Education at a Glance. OECD Indicators 2007*. OECD, Paris.

OECD (2007b) *The Programme for International Pupil Assessment* (PISA), http://www.pisa.oecd.org/pages/0,2987,en_32252351_32235731_1_1_1_1_1,00.html, Accessed January 2007.

OFSTED (2007) *Ofsted TellUs2 Survey Summary and Technical Manual*, http://www.ttrb.ac.uk/viewArticle2.aspx?contentId=14193, accessed 7 January 2009.

Opp, G. (2007) Inclusion of pupils with disabilities in German schools, *Educational and Child Psychology*, 24,3,8.

Osler, A. (2000) Children's rights, responsibilities and understandings of school discipline, *Research Papers in Education*, 15,1,49 – 67.

Osler, A. and Starkey, H. (2006) Education for democratic citizenship: A review of research, policy and practice 1995 – 2005, *Research Papers in Education*, 21,4,433 – 466.

Park (2000) *Voodoo science*, Oxford: Oxford University Press.

Paterson, L. (2009) Civic values and the subject matter of educational courses, *Oxford Review of Education*, 35,1,81 - 98.

Polesel, J. (2008) Democratising the curriculum or training the children of the poor: School-based vocational training in Australia, *Journal of Education Policy*, 23,6,615 - 632.

Pomeroy, E. (1999) The teacher-pupil relationship in secondary school: Insights from excluded pupils, *British Journal of Sociology of Education* 20,4,465 - 482.

Print, M. and Coleman, D. (2003) Towards understanding of social capital and citizenship education, *Cambridge Journal of Education*, 33,1,123 - 149.

Pugh, K. and Bergin, D. (2005) The effect of schooling on pupils' out-of-school experience, *Educational Researcher*, 34,9,15 - 23.

QCA (1998) *Education for Citizenship and the Teaching of Democracy in Schools*, *Final report of the advisory group on citizenship*, London: QCA.

Raty, H. , Kasanen, K. and Laine, N. (2009) Parents' participation in their child's schooling, *Educational Research*, 53,3,277 - 293.

Rawls, J. (1971) *A Theory of Justice*, Oxford: Oxford University Press.

Reay, D. (2006) 'I'm not seen as one of the clever children': Consulting primary school pupils about the social conditions of learning. *Educational Review*, 58,2,171 - 181.

Repères et Références Statistiques, MEN, 2007, http://www. education. gouv. fr/cid21641/ reperes-et-references-statistiques. htm, accessed July 2009.

Riley, K. (2004) Voices of disaffected pupils: Implications for policy and practice. *British Journal of Educational Studies*, 52,2,166 - 179.

Roemer, J. (1996) *Theories of Distributive Justice*, Cambridge, MA: Harvard University Press.

Roesgaard, M. (1998) *Moving Mountains: Japanese Education Reform*, Denmark: Aarhus University Press.

Rose, R. , Fletcher, W. and Goodwin, G. (1999) Pupils with severe learning difficulties as personal target setters, *British Journal of Special Education*, 26,4,206 - 212.

Rose, R. and Shevlin, M. (2004) Encouraging voices: Listening to young people who have been marginalised, *Support for Learning*, 19,4,155 - 161.

Rumberger, R. and Palardy, G. (2005) Test scores, dropout rate, and transfer rates as alternative indicators of high school performance, *American Educational Research Journal*, 42,1,3 - 42.

Rutter, M. , Maughan, B. , Mortimore, P. and Ouston, J. (1979). *Fifteen Thousand Hours: Secondary Schools and their Effects on Children*, London: Open Books.

Sanders, W. (2000) Value-added assessment from pupil achievement data, *Journal of Personnel Evaluation in Education*, 14,4,329 - 339.

Sanders, W. and Horn, S. (1998) Research findings from the Tennessee value-added assessment system (TVAAS) database, *Journal of Personnel Evaluation in Education*, 12,

3,247 - 256.

Sanders, W. and Rivers, J. (1996) *Cumulative and Residual Effects of Teachers on Future Pupil Academic Achievement*, University of Tennessee: Value-Added Research and Assessment Center.

Schagen, I. (2002) Attitudes to citizenship in England: Multilevel statistical analysis of the IEA civics data, *Research Papers in Education*, 17,3,229 - 259.

Schutz, G. , Ursprung, H. and Wobmann, L. (2008) Education policy and equality of opportunity, *Kyklos*, 61,2.

Selwyn, N. , Gorard, S. and Furlong, J. (2006) *Adult Learning in the Digital Age*, London: RoutledgeFalmer.

Shamir, A. (2007) Inclusion from theory to practice: General and local issues, *Educational and Child Psychology*, 24,3,37.

Shipman, M. (1997) *The Limitations of Social Research*, Harlow: Longman.

Sirota, R. (1988) *L'ecole primaire au quotidien*, Paris: Presses Universitaires de France.

Slee, R. (2001) Driven to the margins: Disabled pupils, inclusive schooling and the politics of possibility, *Cambridge Journal of Education*, 31,3,385 - 397.

Smith, A. (2003) Citizenship education in Northern Ireland: Beyond national identity, *Cambridge Journal of Education*, 33,1,15 - 31.

Smith, E. (2009) What can secondary data tell us about school exclusions? *International Journal of Research and Method in Education*, 32,1,89 - 101.

Smith, E. and Gorard, S. (2006) Pupils' views of equity in education, *Compare*, 36,1,41 - 56.

Smith, P. and Street, A. (2006) *Analysis of Secondary School Efficiency: Final Report*, DfES Research Report 788.

Somekh, S. (2001) Methodological issues in identifying and describing the way knowledge is constructed with and without information and communications technoloigy, *Journal of Information Technology for Teacher Education*, 10(1 and 2),157 - 178.

Spender, D. (1982) *Invisible Women: The Schooling Scandal*, London: Women's Press.

Sreekanth, Y. (2009) Bullying: An element accentuating social segregation, *Education* 3 - 13, 37,3,233 - 245.

Stevens, P. (2009) Pupils' perspectives on racism and differential treatment by teachers, *British Educational Research Journal*, 35,3,413 - 430.

Stewart, W. (2008) Pupil voice to become law, *Times Educational Supplement*, 14 November, 1.

Stewart, W. (2009) 'Appalling' failures of English test markers, *The Times Educational Supplement*, 30 March, 14.

Straková, J. (2003) International large-scale-studies of educational achievement-the involvement of the Czech Republic, *Czech Sociological Review*, 39,3,411 - 424.

Strand, S. and Winston, J. (2008) Educational aspirations in inner city schools, *Educational Studies*, 34,4,249 - 267.

Tangen, R. (2008) Listening to children's voices in educational research: Some theoretical and methodological problems, *European Journal of Special Needs Education*, 23,2,157 - 166.

Tannock, S. (2008) The problem of education-based discrimination, *British Journal of Sociology of Education*, 29,5,439 - 449.

TES (2006) Why some schools still need 'a bit of a kicking', *Times Educational Supplement*, 23 June, 18.

Themelis, S. (2008) Meritocracy through education and social mobility in postwar Britain: A critical examination, *British Journal of Sociology of Education*, 29,5,427 - 438.

Thomas, G. and Loxley, A. (2007) *Deconstructing Special Education and Constructing Inclusion*, Maidenhead: Open University Press.

Thomas, S., Peng, W. J. and Gray, J. (2007) Modelling patterns of improvement over time: Value-added trends in English secondary school performance across ten cohorts, *Oxford Review of Education*, 33,3,261 - 295.

Thomas, W. and Webber, D. (2009) Choice at 16: School, parental and peer group effects, *Research in Post-Compulsory Education*, 14,2,119 - 141.

Thornberg, R. (2008) School children's reasoning about school rules, *Research Papers in Education*, 23,1,37 - 52.

Torney-Purta, J., Lehmann, R., Oswald, H. and Schulz, W. (2001) Citizenship and education in twenty-eight countries: Civic knowledge and engagement at age 14, Amsterdam: 1EA.

Trannoy, A. (1999) Social dominance egalitarianism and utilitariaris, *Revue Economique*, 50,4, 733 - 755.

Tymms, P. (2003) *School Composition Effects*, School of Education, Durham University, January.

Tyrmms, P. and Dean, C. (2004) *Value-Added in the Primary School League Tables: A Report for the National Association of Head Teachers*, Durham: CEM Centre.

Tymms, P., Merrell, C., Heron, T., Jones, P., Alborne, S. and Henderson, B. (2008) The importance of districts, *School Effectiveness and School Improvement*, 19,3,261 - 274.

Van de Grift, W. (2009) Reliability and validity in measuring the value added of schools, *School Effectiveness and School Improvement*, 20,2,269 - 285.

Vandenberghe, V. (2000) Enseignement et iniquité: singularité de la question en Communauté Wallonie-Bruxelles, *Les Cahiers de Recherche du GIRSEF*, 8.

Walford, G. (2004) No discriimination on the basis of irrelevant qualifications, *Cambridge Journal of Education*, 34,3,353 - 361.

Walker, J. (2009) The inclusion and construction of the worthy citizen through lifelong learning: A focus on the OECD, *Journal of Education Policy*, 24,3,335 - 351.

Webber, R. and Butler, T. (2007) Classifying pupils by where they live: How well does this predict variations in their GCSE results? *Urban Studies*, 44,7,1229 - 1253.

West, A. and Hind, A. (2006) Selectivity, admissions and intakes to 'comprehensive' schools in London, England, *Educational Studies*, 32,2,145 - 155.

Whitehead, J. and Clough, N. (2004) Pupils: The forgotten partners in education action zones, *Journal of Education Policy* 19,2,215 - 227.

Whitehead, M. (1991) The concepts and principles of equity and health, *Health Promotion International*, 6,3,217 - 228.

Wilson, A. (1959) Residential segregation of social classes and aspirations of high school boys, *American Sociotogical Review*, 24,836 - 845.

Wood, E. (2003) The power of pupil perspectives in evidence-based practice: The case of gender and underachievement, *Research Papers in Education*, 18,4,365 - 383.

Wyness, M. (2006) Children, young people and civic participation: Regulation and local diversity, *Educational Review* 58,2,209 - 218.

Younger, M. and Warrington, M. (2009) Mentoring and target-setting in a secondary school in England, *Oxford Review of Education*, 35,2,169 - 185.

图书在版编目(CIP)数据

教育公平：基于学生视角的国际比较研究/(英)格拉德著；窦卫霖等译.
一上海：华东师范大学出版社，2017
(教育公平研究译丛)
ISBN 978-7-5675-7262-1

Ⅰ.①教… Ⅱ.①格…②窦… Ⅲ.①教育制度-对比研究-欧洲
Ⅳ.①G550.2

中国版本图书馆 CIP 数据核字(2017)第 303376 号

本书由上海文化发展基金会图书出版专项基金资助出版

教育公平研究译丛

教育公平
基于学生视角的国际比较研究

著　　者　[英]Stephen Gorard　Emma Smith
译　　者　窦卫霖　胡金兰　孙媛媛　黄国丹
策划编辑　彭呈军
审读编辑　单敏月
责任校对　邱红穗
装帧设计　卢晓红

出版发行　华东师范大学出版社
社　　址　上海市中山北路 3663 号　邮编 200062
网　　址　www. ecnupress. com. cn
电　　话　021-60821666　行政传真 021-62572105
客服电话　021-62865537　门市(邮购)电话 021-62869887
地　　址　上海市中山北路 3663 号华东师范大学校内先锋路口
网　　店　http://hdsdcbs. tmall. com

印 刷 者　南通印刷总厂有限公司
开　　本　787×1092　16 开
印　　张　13.5
字　　数　212 千字
版　　次　2018 年 10 月第 1 版
印　　次　2018 年 10 月第 1 次
书　　号　ISBN 978-7-5675-7262-1/G·10824
定　　价　36.00 元

出 版 人　王　焰